音乐家画卷

策划 陈钢

挥出一片艳阳天

——速写陈燮阳

上海音乐学院出版社
SHANGHAI CONSERVATORY OF MUSIC PRESS

邢晓芳/著

序

长臂挥处乐声起

——小序陈燮阳

陈钢

我在认识他之前，早就听说了他的老子；可我在未曾见到那位心仪已久的老词人—陈蝶衣前，却是先结识了他的儿子—陈燮阳。

20世纪50年代初，我在南京军区前线歌舞团担任钢琴伴奏。一天，一位合唱队的女队员陈力行来找我，说她有个弟弟要试试考上海音乐学院附中，想让我给听一听；之后，她就带来了那个从常州乡下赶来的、又黑又瘦的弟弟陈燮阳。

当年的陈燮阳可不像现在那样的神气和潇洒，他很质朴，还有点儿腼腆。当时站在我面前的他，手中提的只是把二胡，至于拉了什么曲子，我就全然记不得了；所记得的只是他的演奏颇为乐感，手一上弦，音波就会随着心潮的起伏而上下颤动，令人听时不免侧耳动心。后来几天，我就对他进行了一连几天的"强化训练"，他也真是争气，一跳就是几个台阶。第一跳，是从常州乡下跳到了大上海；再一跳，就破格地越过年龄与地域的门槛，跳进了这所中国最早的音乐学府—上海音乐学院。后来，我们竟然成了校友，我在大学，他在附中，学的也都是作曲。当年，他所写的小提琴齐奏曲《山区的公路通车了》，还真是红过一段时候呢！至于他后来升大学后为什么会改学指挥，那就不得而知了。但至少有一点是事实，因为，他有一双长臂，一双过人的长手臂！

指挥棒可谓是指挥的手臂的延伸，陈燮阳就有那么一双"延长的手臂"，此乃天助他也！由于手臂特长，所以他指挥时的拍点和板眼就分外清楚；而那由长臂所勾划出来的、左右摆动的弧旋形长线条，又使他所指挥的音乐多了几分韵律，多了几分脉动！ 当然，比起手臂来，更为重要的则是他的脑袋。陈燮阳有一颗高高的额头，他不苟言笑，所言所笑大概全沉浮于他的脑海之中吧！其实，他的脑袋也可谓是他的"标志性器官"，除了标志着他的智慧、风度和深藏不露的内心世界外，也标志着他的夫妻情爱！记得他首次登台指挥时，脑后那块人们习以为常的一小方"光明顶"，突然拔地而飞！原来，是夫人王健英特意赶来涂之以墨，使其完全变成一片"黑森林"，其用心之良苦，实在是

些老观众看不懂了！他们看惯了的“黑森林”，顿时雪霜压顶，怎么也找不到那个红红火火的陈燮阳了！当然，此乃爱夫心切，可以理解；不过，大众的审美定势是颇难改变的，人们想看到的还是那片中间镶着“光明顶”的“黑森林”呀！

关于陈燮阳的“额骨头”，我还想多说几句。儿子的头，颇像老子。陈蝶衣老伯长着一颗智慧的大头，所以才能写出3000多首歌词和音乐剧《梁祝》的脚本；陈燮阳的脑袋里则提兜着数不清的乐谱和那些聪明的念头！陈燮阳的“额骨头”可谓高也！自从出道之后，一路顺风，节节高升，从《白毛女》剧组“跳”到上海交响乐团，从上海指挥到柏林、东京、巴黎……但我在这里想提的倒是另一件事，一件与“额骨头”无关的好事。那就是在商品大潮汹涌澎湃地扫荡着艺术市场，利益驱动无孔不入地侵蚀着美好心灵的今天，他并不去一味精心经营自己的小金窝，却不动声色地将百万广告所得，全部捐赠所在的“革命根据地”——上海交响乐团！

2002年年底，台北举行了一场别开生面的音乐会，名为《凤凰于飞——上海台北老歌双城记》。这个名称，说起来还有点儿来头呢！《凤凰于飞》是20世纪40年代上海流行的一首老歌，是我的父亲陈歌辛和陈燮阳的父亲陈蝶衣第一次合作的结晶。现在，由两个儿子出面主持这场音乐会（我作指导，他任指挥），实在是很有意义的。我本人曾与陈燮阳多年合作，他除了因指挥上海交响乐团演奏小提琴协奏曲《梁祝》而荣获中国首届金唱片奖外，还指挥演奏过我的小提琴协奏曲《王昭君》和交响序曲《奉献》，以及潘寅林独奏的《红色小提琴》（其中包括《金色的炉台》、《苗岭的早晨》和《阳光照耀着塔什库尔干》等一组我在文革期间创作的小提琴独奏曲）。他的指挥热情洒脱，自由浪漫。而在台北这场两代人合作的音乐会上，他更是以一种独特的历史感与父子情，来演绎60年前两位父亲所留下的艺术瑰宝。当音乐会最后结束，全场放声高唱《玫瑰玫瑰我爱你》时，那一幕幕交融着亲情、友情和爱情的动人情景，至今还历历在目！而那一曲曲奏响的歌声、乐声，则是一次永远难忘的、跨越时空的世纪回响！

上海音乐学院出版社最近要出一套音乐家画传，这很好，因为音乐家通常都是被“听”、而不是被“看”的；现在，让大家来“瞧一瞧”音乐家的艺术人生和人生艺术，岂不是更显得“有声有色”吗？可是，称之为“传”似乎就不一定妥贴了。因为，“传”者，似乎是毕其一世，述其一生，颇有点像和声中的“正格终止式”；而这些音乐家们至今大多都还活跃在他们的音响阵地上，戏嘛，还有得唱呢！所以，我就大笔一挥，将“传”字改成“卷”，将《音乐家画传》改称为《音乐家画卷》，这样，“完成时”就变成了“现在进行时”。因为，“卷”者，“开卷”也，当我们将书打开后，就会一页页地翻将下去，而那艺术家的流金岁月就会变成闪动的时空流和感情流，历史的路标，也会从过往指向未来……

开卷有益。让我们打开《音乐家画卷》，一面聆听音乐家的音乐，一面阅读他们的人生吧！

目录
contents

辉煌接力

他是一位赋音乐以勃然生机的指挥家，系统的音乐教育和丰富的艺术实践，锤炼了陈燮[illegible]指挥艺术。著名指挥家李德伦称赞他是“我国当代最有才华的指挥家之一。”

沸腾柏林，征服马赛

柏林篇

柏林爱乐大厅主舞台的台口有三级木质的台阶，因为年代久远，第一和第三级的内侧已经有斑驳的磨损痕迹，登上这三级台阶，跨上舞台正中央的指挥台，陈燮阳脚下走了不到10步，而上海交响乐团走了125年。

2004年6月20日，作为首支应邀登台欧洲古典音乐“圣坛”——柏林爱乐大厅的中国交响乐团——上海交响乐团，用充满中国魅力的音乐和精湛细腻的表演征服了两千多名柏林观众——加演三曲、谢幕五次、全场起立喝彩鼓掌十分钟。前柏林交响乐团首席指挥、柏林高等艺术学院教授布云特先生说：“在这个大厅，除了柏林爱乐等本地乐团，外来的客席乐团能让观众这么‘疯’的，太罕见了！音乐会太棒了——你们创造了历史。”

一场"性命攸关"的音乐会

柏林爱乐大厅并非刻意安排，但是上海交响乐团这场音乐会刚好夹在了欧洲两大顶级名团之间，前一天是柏林爱乐乐团，后一天就是穆迪指挥维也纳爱乐乐团。留给上海交响乐团的走台和排练时间，一共只有不到 3 个小时。第一次走进这座著名的大厅的演奏员，还没有来得及看清音乐厅复杂的现代派轮廓，已经被四面环绕的绝佳音效震住了，助理指挥张洁敏也愣住了："天哪，这里的声音（效果）太好，这也就是说，任何位置上的一个错音都将会是致命的啊。"此时此刻，每个人都只剩下了一个念头：这里是欧洲乐坛的圣地，这里观众的耳朵是卡拉扬、阿巴多、柏林爱乐、维也纳爱乐练出来的啊，上海交响乐团 125 年的老牌子绝对不能砸在这里— 这是一场性命攸关的音乐会。

音乐会从王西麟的《火把节》开始了，弦乐的声音如水银泻地一样铺了开来，浓郁的中国风情迷住了观众，第一曲既终陈燮阳就不得不两度登台谢幕。郭文景的笛子协奏曲《愁空山》对大多数中国观众来说都是不易懂的现代作品，而拥有全世界最高水平“耳朵”的德国观众听懂了。时而海潮般澎湃汹涌、时而空涧鸟语的笛声太过动人心魄，面对经久不息的掌声，笛子独奏唐俊乔和指挥陈燮阳不得不四次返场谢幕。下半场的拉赫玛尼诺夫《e小调第二交响曲》非同一般，用陈燮阳的话来说“我们是来考试的”。这部分量绝对不轻的交响曲在欧洲古典音乐最高圣殿里由中国乐队奏响，没有几十年如一日的严格训练不行，没有125年历史充沛的“底气”也不行。最后，“不打无准备之战”的陈燮阳赢了，上海交响乐团赢了！柏林观众爱上了来自中国的音乐大师。返场时，陈燮阳用双手暂时“按住”了全场的掌声亲自报幕，加演到第三曲了——居然是《柏林空气》！这是柏林爱乐最常用的返场曲目，也是柏林每年夏季举办的露天音乐会上必演的传统曲目，其意义不啻于《拉德茨基进行曲》之维也纳爱乐新年音乐会！原来早在几年前陈燮阳就通过德国友人找到了作曲家林克最初的原版，他说“要演就演出‘原汁原味’来”。当欢快的乐曲从他指挥棒下流出，诙谐的尖哨“毕毕毕毕”地响起，德国观众在笑声中合着节拍奋力鼓掌，这一刻，沸腾了乐队，沸腾了大厅，沸腾了柏林。

柏林音乐会中国驻德大使来后台祝贺演出成功

这一夜没有让任何人失望，德国内政部副部长、柏林市市长、中国驻德国大使及夫人等官员纷纷向中国音乐家们表示祝贺。德高望重的德国洪堡大学汉学家贾腾教授用中文高声喝彩:“中国，真是太棒了!”上海交响乐团还赢得了慕名前来的演出商的高度评价。挪威指挥家、西班牙音乐节艺术总监米尔森先生当场预约了明年上交挪威、西班牙 5 场巡演音乐会的演出项目。柏林爱乐大厅演出负责人、大提琴家瑞斯特当场拍板，邀请上交今年12月再度访问柏林并赴周边城市举办音乐会。

在柏林爱乐大厅售票处

柏林爱乐大厅

相关链接：位于柏林市中心的蒂尔加滕公园是现代建筑爱好者猎奇的好地方。公园内黄色不对称的柏林爱乐大厅是1960-1963年间由先锋派建筑师汉斯·沙龙设计的代表作之一。自1963年卡拉扬率柏林爱乐乐团入主这座音乐厅，并在此筑就西方交响乐界无人可及的王者之地。1989年卡拉扬去世之后，阿巴多续写着属于柏林的爱乐神话，2002年英国指挥大师西蒙·拉特尔爵士接手柏林爱乐并致力推动当代音乐发展。这座处处体现着卡拉扬风格气质和音响观念的音乐厅能够容纳2397名观众，是柏林最大的一座音乐建筑。

汗水泪水交织的马赛

汗水泪水交织的马赛

马赛篇

2004年6月28日晚10点，马赛歌剧院在“蒸腾”。所以，当陈燮阳携手乐队首席潘寅林第三次谢幕时，台下持续热烈欢呼的观众并不知道，有人在幕后泪流满面，有人汗水湿透重重衣裤难以直立。

马赛歌剧院顶角的装饰美轮美奂，是建筑史装饰主义时期的杰作

因历史原因而缺少降温设备的马赛歌剧院在即将进入歇夏假期前夕，迎来了中法文化年马赛上海周里的重头戏——上海交响乐团首次来访马赛。乐团抵达马赛后马上进入剧场排练，队员们发觉这座首建于1787年重建于1919的艺术殿堂，也是法国第二大城市里最优美的建筑，却有一个致命的弱点——没有空调。在演出当天下午排练时，室外气温已经接近摄氏30度，又没有空调设备，加上舞台灯光，台上闷热难熬。想到晚上的演出还要穿上大礼服（男士衬衫加燕尾服，女士黑色长袖曳地长裙），舞台灯光也会更大，大家不免担心："这么热能演嘛"。这时，指挥陈燮阳上台进行动员，这位德高望重的音乐总监严肃地对团员们说："条件是艰苦的，但是为了中国和上海的荣誉，今天就是火坑也得跳下去！""什么叫为艺术献身，这就是为艺术献身！"在他的动员下，为了晚上的演出，演奏员们连水都不敢喝，因为担心排出的汗会使眼睛看不清乐谱，等演出结束起立时衣服全部粘在身上，需要拉一下才站得起来，管乐乐手一边吹，一边不停地拭汗，一曲下来嘴里都是苦味了。

马赛歌剧院堂皇的内部装饰，二层包厢外围线条如流动的旋律滑过观众头顶上空

就是在这样恶劣的情况下，上海交响乐团以高超的艺术水准和精湛的技艺表现“震”住了法国观众。随着《火把节》第一个音符飘出，观众席中交响乐团总经理陈光宪的心也快飘起来了：“声音太美了，这座久负盛名的歌剧院果然名不虚传。”也许是音效的完美给了激励，第二曲《愁空山》倾倒了全场观众。记者发现唐俊乔在乐章间歇之间几次悄悄侧身拭去了脸上的汗水，而后排管乐的乐手更是“蒸烤”在背光灯之前，在满脸汗水中尽力将每个音符吹得丝丝入扣。拉赫玛尼诺夫的《第二交响曲》来了，完美之极。弦乐声部细腻地交织出变幻无穷的色彩，长笛和木管的回旋如迎风飞舞的白鸽，在阳光下拍打洁白的翅膀。第三乐章的柔板动人处勾人心魄，催人泪下。加演了三首作品后，观众仍在站着鼓掌，不愿离开这狂热的剧场。原本傲慢的歌剧院经理在演出后也激动不已，拉着我团演奏员的手连声道谢，“太精彩了，太感谢了！”

马赛副市长太激动了，他对乐队说："马赛人爱上你们了，欢迎你们常来这里演出，最好天天都来，爱呆多久就呆多久！" 歌剧院剧场后台一位中年女性工作人员快要昏倒了，她从下半场开始不久后开始流泪，拉赫玛尼诺夫一曲终了，她已是泣不成声。演出结束后，她来不及拭去泪水上前紧紧拥抱住陈燮阳："太感谢您，这是我一生中听过的最好的拉赫玛尼诺夫！你们是世界顶级的！"

2004年里，65岁的陈燮阳站在指挥台上，

凝重而坚毅，他在一次又一次

刷新着他个人艺术生涯中，有时也就是中国音乐史里的新记录……

指挥生涯以“第一”为接力

在他的艺术生涯中，陈燮阳拥有无数中国指挥家中的“第一”：登台维也纳金色大厅指挥中国民族音乐的第一人，身兼北京上海两大乐团音乐总监的第一人，录制贝多芬交响曲全集的第一人，录制的作品获得奥斯卡最佳电影音乐大奖的第一人，在世界三大男高音紫禁城音乐会上成为登台指挥的第一人……

2001年，在故宫午门三大男高音演演唱会上指挥合唱

右上：虎年中国新年音乐会

近30年来，陈燮阳的身影遍布俄罗斯、日本、苏格兰、意大利、瑞士、奥地利、丹麦、朝鲜、韩国、法国、美国、马来西亚、新加坡、澳大利亚、德国等国家以及香港、澳门、台湾等地区，指挥本团或当地著名乐团举办音乐会，均受盛赞。和小提琴家夏哈姆、薛伟；大提琴家马友友、王健；钢琴家傅聪、许忠、孔祥东等多位在海外享有声誉的音乐家联袂举办音乐会。

左：1998年，指挥中央民族乐团在奥地利维也纳金色大厅演出

他曾指挥中央乐团和上海交响乐团录制了几十首中外交响乐作品的唱片。1983 年 8 月，他应法国“音乐之声”唱片公司之约，指挥中央乐团录制了贝多芬第一、第四交响曲唱片。后来，他指挥上海交响乐团录制了贝多芬交响曲全集，成为中国指挥家中录完贝多芬交响曲全集的第一人。

1998 年和 2002 年，上海交响乐团与卡雷拉斯、多明戈两位世界著名男高音歌唱家成功合作演出个人音乐会。上海交响乐团还与意大利佛罗伦萨歌剧院、英国考文特花园歌剧院、德国多赛尔多夫歌剧院、法国巴黎歌剧院、瑞士苏黎世歌剧院等合作演出了《阿依达》、《漂泊的荷兰人》、《唐·卡洛斯》、《浮士德》、《乡村骑士》、《茶花女》、《魔笛》等世界经典歌剧，为中国歌剧舞台凭添光彩。

金色旋风袭卷世界乐坛

欧洲篇

1998年和1999年，

作为第一位走进维也纳“金色大厅”的中国指挥家，

在卡拉扬、

马泽尔、祖宾·梅塔

等指挥大师挥动过指挥棒的舞台上，

陈燮阳两度在此指挥中国农历新春民族音乐会，

在欧洲乃至世界舞台掀起了中国民乐的

“金色旋风”，

令无数海外同胞骄傲而落泪、

令无数国人重新为民乐的

“金色回响”而震撼。

“是民族的，就是世界的”，

陈燮阳用他血脉中流淌着的对中国民族音乐的热爱，

将中国特有的民乐送上了世界之巅。

1986 年，和马友友在上海音乐厅演出

1998年春节，中央民族乐团在金色大厅举办了第一场中国民族音乐会——“虎年春节中国民族音乐会”，奥地利国家电视台、欧洲卫星三台等5家电视台转播了音乐会的盛况。兔年，著名指挥家陈燮阳率领中央民族乐团再现“金色辉煌”，从维也纳金色大厅出发，将中国民乐的魅力遍撒柏林爱乐大厅、科隆爱乐大厅、慕尼黑赫尔库勒斯音乐大厅、丹麦皇家广播音乐厅等举世闻名的音乐堂。

陈燮阳的指挥艺术和中国民族乐团的美好音乐和精湛技艺赢得了欧洲观众的热爱。在一天的音乐戏剧节目多达200余台的音乐之都维也纳，观众对音乐审美品位极高，但是当地报纸载评：中国民族音乐会以阵容强大的演奏，古老的民族乐器和经典的乐曲征服了音乐之都“最挑剔的耳朵”。

夏汉姆（右）

中国民乐对欧洲观众来说是古雅而新奇的，但在这个曾经站立过卡拉扬、阿巴多、小泽征尔等大师的指挥台上，陈燮阳镌刻下了属于中国民族音乐的第一道金色年轮。

指挥民乐访欧新春音乐会的人是上海交响乐团的音乐总监陈燮阳，这个选择连他本人在接到演出邀请时都愣了一下。原来，主办方放眼全国挑来挑去，还真是找不出第二个能兼顾交响乐和民乐的指挥家。陈燮阳在交响乐领域的资历是无可挑剔的，而他曾作为香港中乐团客席指挥的经历，最终决定了“金色旋风”由他起挥。事实证明，维也纳爱他，柏林、慕尼黑、哥本哈根的观众都爱上了他。这股“金色旋风”威力极大，2003年年底上海交响乐团总经理与柏林爱乐大厅管理者接洽演出事宜时，对方一听是陈燮阳带队指挥，马上就说：“没有问题，欢迎陈大师！”

与英国前首相希思先生（左），上交乐队首席柳和埙（右）

1998、1999年两度站在维也纳金色大厅的指挥台上成功谢幕的陈燮阳心里很清楚，他已经翻越中国指挥家至今无人可敌的指挥生涯的至高点，然而，成就并没有让他感到满足。有一瞬间，他甚至感觉到了孤独。中国的交响乐什么时候，可以在这里接受世界音乐之都的欢呼？

在维也纳金色大厅演出

维也纳金色大厅简介

“金色大厅”的大名是维也纳音乐之友协会大厦，建于1867年至1870年间，由维也纳音乐之友协会出资。大厦内设有三个音乐厅，即主厅、勃拉姆斯厅和室内乐厅。由于当年音乐之友协会聘请到了欧洲最著名的丹麦建筑师奥菲尔•汉斯将主厅设计装修得富丽堂皇、金光灿烂，后人便将该主厅称为“金色大厅”。

拾步进入“金色大厅”，人们抬眼便能看到正面可供百人乐队的演出台。乐台上方，四尊金色音乐女神雕像守护着二组整整齐齐排列在镂花壁富里的银色管风琴。大厅的两厢依序分立着32尊双手交叉在胸前的女神雕像，10盏高大的水晶吊灯和许多水晶壁灯把整个大厅照耀得金壁生辉，光彩夺目。一年一度传统的维也纳新年音乐会便在“金色大厅”内举行。以演奏和弘扬施特劳斯音乐为己任的新年音乐会始于1941年元旦，1946年正式命名为新年音乐会。由于施特劳斯的音乐历久弥新的魅力和维也纳爱乐乐团世界一流的精湛技艺，半个多世纪以来新年音乐会经久不衰，成为奥地利乃至欧洲及全球的音乐演出盛事。中国中央电视台数年来对维也纳新年音乐会的转播也使得“金色大厅”在中国爱乐者中家喻户晓。

在丹麦哥本哈根演出

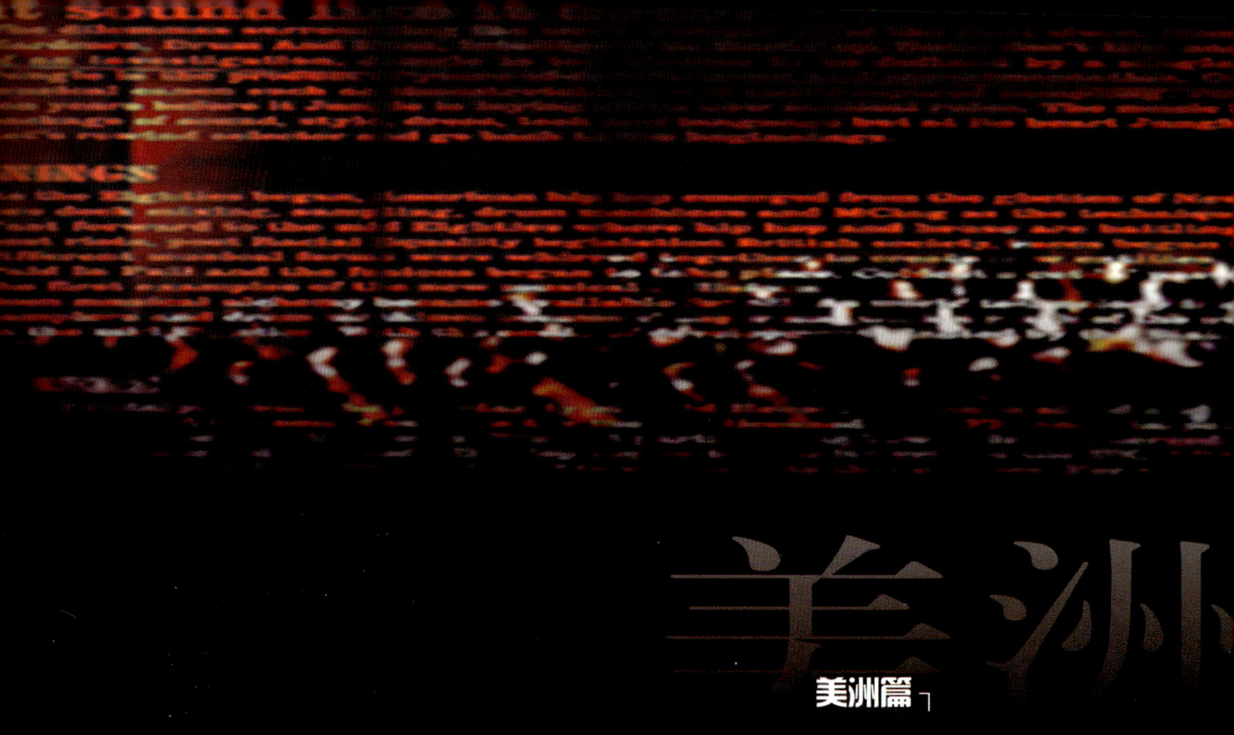

美洲

美洲篇

几度征服新大陆

2000年8月，陈燮阳率领中央民乐团访问美国，为“中华文化美国行”指挥9场至关重要的音乐会。8月24日，在联合国会议大厅演出，这是一次对世界任何国家任何演出团体都不可多得的演出经历。联合国秘书长安南先生观看完演出后，对乐团说“你们的演奏是我听过的最美妙的音乐。”

2000年9月，陈燮阳指挥中央民族乐团随江泽民主席在美国纽约著名的林肯艺术中心为参加千年首脑会议的各国领导人和美国各界人士代表演出获得巨大成功。演出曲终全体观众起立为中国的艺术家长时间鼓掌喝彩，“中华文化美国行”在纽约达到高潮。

篇」

事实上，早在1982年的那个夏天，应邀在第33届阿思本音乐节上指挥纽约现代管弦乐团演出的陈燮阳，作为首位在这个国际著名音乐节上登台的中国指挥就用自己的指挥棒和中国乐曲征服了美国乐迷。他精心安排的曲目是中国芭蕾组曲《魂》及莫扎特和勃拉姆斯的作品，在观众惊呼“中国指挥家竟然这么棒”的时候，陈燮阳在后台落泪了，因为他从自己的音乐中找到了毕生的梦想——“让祖国强大，让中国的音乐传遍世界各地”。

但是，最终完美实现自己征服新大陆—亲手指挥自己的交响乐团、上演中国的交响乐作品遍访美国的梦想，一直到2003年的夏天才得以实现。2003年，陈燮阳率领上海交响乐团巡演夏威夷、洛杉矶、华盛顿、亚特兰大、旧金山、纽约等美国11大城市，取得一系列戏剧化的盛大成功：在波士顿的剧场里，数千名观众不顾消防铃的警告，置之度外地等待陈燮阳指挥完整曲《北京喜讯到边塞》后起立、鼓掌，散场后

用指挥棒书写中国当代音乐史

中国篇

与陈燮阳合作过的作曲家名单，几乎就是中国当代交响史的缩写。他排演中国作曲家贺绿汀、丁善德、朱践耳、郭文景、谭盾、陈其钢、盛宗亮、周龙、陈怡、黄安伦、许舒亚、瞿小松、叶小钢等几乎所有“新生代”的作品。与之合作过的音乐家，从小提琴家夏哈姆、吕思清、薛伟，大提琴家马友友、王健，到钢琴家傅聪、李云迪，还有张建一、马梅、黄英、廖昌永等歌唱家，几乎就是一张中国海内外乐坛骄子的“全家福”。

他录制了中国作曲家丁善德的交响乐作品集，他指挥的小提琴协奏曲《梁祝》获得了1989年中国唱片社颁发的金唱片奖。他还演出了中国最有代表性的当代作曲家朱践耳的十多部交响乐作品，录制了他的全部交响曲唱片《朱践耳交响曲集》。他指挥上海交响乐团完成的《天地人和——朱践耳交响音乐作品音乐会》已入围第二批国家舞台艺术精品工程，这也是交响乐作品首次获此殊荣。

《梁祝》

由陈燮阳指挥上海交响乐团、俞丽拿独奏的《梁祝》小提琴协奏曲，在1989年获得中国唱片“金唱片”奖。而这个版本的录音最早可追溯到1959年，这也是中国唱片历史上几十个版本的《梁祝》录音中最重要的一个。在上个世纪的很长一段时间里，这个版本实际上是很多人认识《梁祝》、欣赏《梁祝》的惟一途径。俞丽拿的演奏是全身心投入，动人心弦。陈燮阳和上海乐团的协奏也是这样投入，虽然录音效果已经岁月留痕，当时乐器的音色不好，但那种气氛和感受，是之后所有录音版本中难以再有的。有趣的是，作曲家陈钢本人曾说过，在众多《梁祝》的演奏家里面，他最喜欢的除了俞丽拿还有就是吕思清。而在吕思清先后四次的录音里面，最成功的就是和陈燮阳的合作，与涂惠民、谭利华、郑小瑛指挥的版本比，吕思清的演奏和乐队协奏天衣无缝。由于陈燮阳对这首作品的处理是非常熟悉，他相当细致地处理每一个细节，保留了音乐中特有的中国戏曲的特别风味，这是其他版本无人能及的。

《朱践耳交响曲集》

陈燮阳曾多次通过传媒向青年音乐爱好者告之，在亲近西方古典音乐家的同时，不要忘记身边脚下的宝藏。他向人们推荐最多的就是朱践耳的音乐。因为在中国首次为一位活着的音乐家出版全集的荣耀，属于朱践耳。而朱践耳则把他平生所有作品的第一把指挥棒统统交给了陈燮阳。

谭盾作品

由陈燮阳指挥上海交响乐团、上海民族乐团和上海打击乐团录制的电影《卧虎藏龙》的配乐获得了奥斯卡最佳原创音乐大奖；而谭盾的多媒体协奏曲《地图》的寻根之旅也选择了陈燮阳麾下的上海交响乐团，去湘西边城寻访“失落的天籁”。

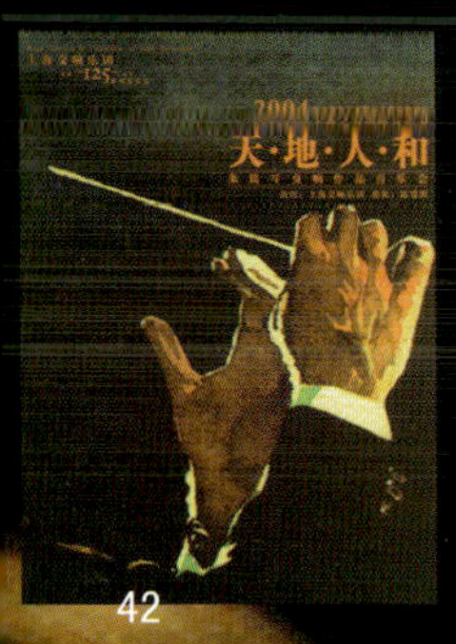

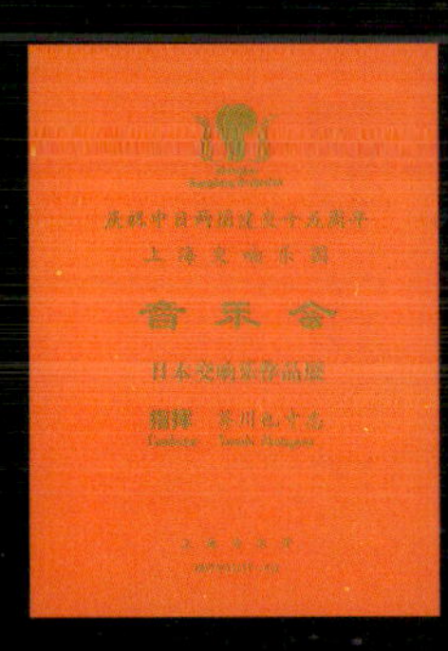

峥嵘岁月

《白毛女》一挥16年

上海芭蕾舞团管弦乐团成立于1958年，至今已有四十余年历史，是一支在国内外享有盛誉的音乐团体。樊承武、陈燮阳指挥的芭蕾舞剧《白毛女》、《红色娘子军》久演不衰，并从七十年代末开始，随舞剧遍访欧美。《白毛女》现存最早的录音版本为首演阵容：作曲：严金萱（根据歌剧《白毛女》改编），配器：陈本洪、张鸿翔、陈燮阳，演奏：上海舞蹈学校管弦乐队，指挥：陈燮阳、樊承武，乐队首席：王希立，主唱：朱逢博、蔺永和、朱均雄。

1966年的春天，平静中孕育着不安

那一年，陈燮阳以优异成绩从上海音乐学院指挥系毕业，原定分配到上海歌剧院工作，恰好因上海芭蕾舞团正排演舞剧《白毛女》，作为业务出色的青年人才，陈燮阳被安排到了去芭团担任指挥。应该说，大学生一出校门就遇到一个编制较全的管弦乐队，陈燮阳指挥事业的起步非常顺利。然而，和在寒窗苦读时的期待完全不同的是，陈燮阳最初的艺术生涯中，几乎没有机会和贝多芬、莫扎特打交道，倒是由河北民歌《青阳传》改编而来“北风吹，雪花飘”的旋律成了他日日温习的旋律，杨白劳那深沉、低昂的山西民歌《拣麦根》的曲调成了他指挥棒下塑造的第一批音乐形象。《白毛女》，这一挥竟是16年！

这是一段积满尘埃的历史，经岁月长河荡涤下来的，却是最简单而淳朴的部分。

尽管陈燮阳在十年浩劫中常处于“十年磨一曲”的状态，但他从来没有放弃过心灵深处那片更宽广的天空。

业余时间，他仍然废寝忘食地研读西方交响乐的总谱，闭门锁窗独自聆赏美妙的音乐。

“地上”日复一日、年复一年的单一旋律，无法枯竭“地下”熊熊燃烧的灵感之火。

正因如此，“千钧霹雳开新宇”后，陈燮阳的指挥棒得以向更广阔的领域伸展时，他毫不费力地跃上了一个新的台阶。

众所周知，《白毛女》是中国流传最广的文艺作品，60 年来，以该题材创作的同名歌剧、电影、京剧、芭蕾舞剧，都成为各艺术门类中的精品，历演不衰。而芭蕾舞剧《白毛女》是上海舞蹈学校于1965 年推出的民族舞剧的经典剧目，“文革”被确定为八部革命样板戏之一。正因如此，作为该剧主要指挥之一的陈燮阳，在所有正常文艺生活都无法继续的日子里，并没有放下手中的指挥棒，歌舞剧指挥的真功夫倒是练成了。《白毛女》舞剧音乐，是严金萱根据歌剧《白毛女》为大型芭蕾舞剧《白毛女》而作的曲，陈本洪、张鸿翔配器（按1965 年首演资料）。该剧初创于1964，经小型、中型发展成为大型芭蕾舞剧，公演于1965 年“上海之春”，在音乐创作中，大量吸收了华北地区的民歌、河北梆子、山西梆子为舞剧音乐的素材，乐队采用了西洋乐器与中国民族乐器相结合的形式，使舞剧音乐创作具有鲜明的民族特色和浓郁的生活气息，并大胆借鉴西欧歌剧的创作经验，是在新秧歌运动基础上发展起来的中国民族新歌剧的奠基石。《白毛女》也成为陈燮阳指挥生涯中一块最厚重的奠基石。16 年，那个刚刚跨出校门的青年不见了，多了一个稳稳地站上了上海乃至全国舞台的优秀指挥。

关于《白毛女》的一个细节描述

舒巧：他向我瞪大眼睛

虽然《白毛女》是江青钦定的样板戏之一，但是在以阶级斗争为纲的年代里，院团队伍里绝对不是只以角色分工的不同、艺术水平高下区别的，《白毛女》剧组里“鲜花派”、“毒草派”，泾渭分明。当时我也经常参与舞团的节目编排工作，对年轻的指挥陈燮阳的印象就是：“这个小伙子乐感特别好，业务上很出色，为人也简单，对什么‘鲜花’、‘毒草’倒看不出他有什么特别对待的样子。”

当时我在芭蕾舞团编导一个小节目时，要求乐队在节奏处理上有一个几几拍到几几拍的变通，当时乐队指挥樊承武对我的“无理”要求一口拒绝：“这个不可能，怎么能随便变来变去。” 我也不客气，牛劲上来了“拍子是死的，音乐和人是活的啊”，也不顾自己当时还是个“改造对象”，就去找小指挥陈燮阳说，我要这样这样，你看看行不行。我至今还记得他听完我的“无理”要求的反应，他一声不吭，只是当时瞪大了眼镜后面的一双眼睛，瞪圆的眼睛足足看了我几秒钟，这几秒钟的对视我记忆太清晰了，然后他回过身去想了一想，然后举起指挥棒划了两下，嘿，行了，我要的东西就有了！我当时就想：这个小指挥真灵，这样才是艺术家么！

《白毛女》创作背景

1945年，西北战地服务团从晋察冀前方回到延安，带回20世纪40年代初流行于河北阜平一带的有关“白毛仙姑”传说的记录本。这就是《白毛女》的原始背景。1945年，由延安鲁迅艺术学院集体创作的五幕歌剧《白毛女》问世。贺敬之、丁毅执笔，马可、张鲁、瞿维、焕之、向隅、陈紫、刘炽等作曲。该剧深刻阐述了“旧社会把人变成鬼，新社会把鬼变成人”的主题，在延安演出30多场，受到热烈欢迎。此后，日臻完美的《白毛女》很快传到国民党统治区，受到进步文艺界的高度赞扬。

他扎实的基础，鲜明的性格和对艺术的执着追求，

为他赢来了又一次改写其艺术人生的幸运之手。

赴美游学，等待起飞

粉碎“四人帮”，百废待兴

中国交响乐进入了一个充满生机、相对发展较快的阶段。当时中国指挥界不仅有李德伦、严良堃、韩中杰等曾经赴国外深造的人才，也有在国内舞台上成长起来的张肩、卞祖善等人。而陈燮阳则是众多青年指挥中最受人注目的一个。他扎实的基础，鲜明的性格和对艺术的执着追求，为他赢来了又一次改写其艺术人生的幸运之手。

1981 年 9 月，陈燮阳作为公派访问学者，应美中艺术交流中心邀请，前往美国纽约学习、考察。在美期间，陈燮阳跟随著名指挥教育家奥托·缪勒教授进修，缪勒知识渊博，其严谨细致的指导，使谦逊好学的陈燮阳获益匪浅。他在美国还指挥了布鲁克林交响乐团、檀香山交响乐团，演出了十多首中国作品。他在纽约、华盛顿、波士顿、檀香山、阿斯本等十多个城市对各地交响乐管理、演出等课题展开了深入的考察。更为幸运的是，他结识了世界指挥大师伯恩斯坦、小泽征尔等人，得以观摩大师们的排练、聆听大师的教导。小泽征尔、玛捷尔、普列文等名师让他钦佩不已，波士顿交响乐团、费城交响乐团、芝加哥交响乐团等一流乐团的音乐会给了他 CD 唱片中从未有过的震撼。他在给国内师友李凌的信中这样写道：

“美中艺术交流中心很热切地接待了我。已安排我听指挥大师伯恩斯坦的排练和演奏，并与他见了面。

“我还在周文中先生家里见到了小提琴大师艾萨克·斯特恩，他热情地和我谈了许多问题。有这么多机会接触音乐、接触这样的一些著名艺术家，连一些美国同行也羡慕呢！

“纽约的音乐活动实在太丰富了，我基本上白天听排练，去图书馆、乐谱唱片商店，晚上听音乐会，看歌剧、芭蕾舞，整个

沉浸在音乐的海洋里，这一切对我是太幸福了……

“我参观了纽约的美国音乐中心，那里收藏着几乎全部美国作曲家的作品，包括手稿，唱片录音，作曲家的传记，资料和通讯录。我希望将来我们中国也会有这样的中心，收集我们中国作曲家的作品，不至于分散各地，无从找寻……”

应该说，美国这一年多考察、学习、演出，使陈燮阳从芭蕾舞团管弦乐队指挥这只“丑小鸭”变“天鹅”—成为一名具有世界先进眼光、中国一流水准优秀交响乐职业指挥过程中的重大飞跃，是他走向世界乐坛成功的第一步。

美国指挥永齐佩尔

与美国音乐家在一起

陈燮阳与小泽征尔

出生在中国沈阳、在北京的胡同里度过童年的小泽征尔是最早进入中国观众视野的世界级指挥家。上个世纪七十年代他就曾在北京登台演出。他潇洒的指挥动作和一头长长的乱发，迷住了所有中国观众，他极具表演性的指挥风格也给当时还在上海芭蕾舞团管弦乐团的青年指挥陈燮阳留下了深刻印象。从此，小泽征尔每到中国，不管在北京还是上海演出，陈燮阳都会想方设法到现场观看，可以说崇敬之情不亚于今日的青少年发烧友。后来，小泽又率波士顿交响乐团来上海演出引起轰动，在上海的日子里，小泽专程来到上海交响乐团指挥排练。

小泽征尔对中国有着深厚的感情，对人才也极为爱惜。初识之后，当陈燮阳1977年随上海芭蕾舞团赴法国访问演出，小泽征尔特意闻讯前来观看演出，刻意坐在靠近乐池的第一排，让陈燮阳又兴奋又紧张。陈燮阳在美国访问学习期间，跟小泽在美国波士顿交响乐团又见面的时候，小泽很高兴地拉着他走上舞台，向波士顿乐团的乐手们介绍："这是我最好的中国朋友！"演出之后，小泽破例邀请陈燮阳作客别人视为"禁地"的指挥休息室，还邀请陈燮阳去他波士顿城中的家中吃饭。陈燮阳至今清晰地记得小泽在家中"煮酒论英雄"的情景，言谈间也喜欢"手舞足蹈"的小泽说："我觉得我们东方民族的智力是很高的，任何科学和艺术的尖端领域都有东方人。"陈燮阳也意气风发地说："我要用我的一生，把中国交响乐推向世界！"

与小泽征尔在一起

1981 年 12 月 14 日，陈燮阳指挥纽约现代音乐演奏团演出“中国现代作品音乐会”。美国听众原来没有想到中国有交响乐、有这样熟练掌握西方交响乐的出色指挥。一位演奏员激动地说：“你是所有指挥过我们乐团的最优秀的指挥之一。”1982 年夏，陈燮阳应邀在第 33 届阿思本音乐节上献艺。他精心安排的曲目是中国奚其明的芭蕾组曲《魂》，莫扎特的《第四小提琴协奏曲》和勃拉姆斯的《第二交响曲》。在准备排练前，陈燮阳流泪了，中国曲目勾起了他的思乡情，但更鼓起了他“要用中国的音乐征服世界”的壮志雄心。结果，他那浓郁的风格和独特的气质，撼动了成千上万白皮肤、蓝眼睛听众的心灵。演出结束后，掌声和欢呼回荡了良久。美国著名教授陶勒赛·迪蕾特地走到后台向陈燮阳祝贺指挥成功。

在《阿思本音乐节印象记》中，陈燮阳亲笔详细记录了那些日子里接触、体会、思索的一切：

“去年八月我参加了美国阿思本音乐节，虽然逗留的时间是短暂的，却给我留下了深深的印象。

每当盛夏降临，为了躲避热浪的袭击，美国有些人都愿意跑到山区或森林中生活一两个月。虽然演出季活动是暂停了，但音乐家们是闲不住的。面对风光秀丽的山川景色，他们更要欣赏、演奏和研究音乐。渐渐地，在一些音乐家集中歇夏的地方办起了音乐节。例如，坦戈华森林音乐节，就是以波士顿交响乐团的活动为核心展开的。而阿思本音乐节，则和朱丽亚特音乐学校的名字联系在一起。我参加的这次音乐节已是第33届，从6月25至8月22日，每天都安排有音乐会。音乐迷们在这里几乎可以听到从维瓦尔地、巴赫、海顿、莫扎特、贝多芬一直到近代美国作曲家柯普兰的许多作品。

阿思本是个不起眼的小镇，位于科罗拉多州中部，落基山脉中一个群山包围下的峡谷地带。音乐会前一个星期，我从科州最大的城市丹佛乘小飞机，只花了20分钟时间便抵达了。阿思本历史上曾因发现过银矿而著名，后来银子采完了，它也就日趋衰落。二十世纪中叶，一批颇有眼光的美国人看中了这个有山有水有林的小镇，投资将它开发成了一个旅游点。现在，人们可以在那里骑马、爬山、野营，也有人驾着小艇到湍折湍急的山流中冒险。和大城市中的演出厂一样，音乐会都是在特制的帐篷里举行的。我开音乐会的那座帐篷就很大，它是1964年由一位名叫巴也尔的艺术家设计的。里面有一个音响效果相当好的舞台，听众都坐在木头长条椅上。他们的四周就是帐篷，有时外面吹起风来，帐篷壁还不住的抖动，真是别有一番风情。

音乐节安排我在8月18日晚上8点半演出，我指挥了三个节目：勃拉姆斯的《第二交响曲》，莫扎特的《第四小提琴协奏曲》和上海芭蕾舞团奚其明的芭蕾组曲《魂》。

中华民族引以为傲的是，《魂》这个作品在阿思本首次演出。它是我的同学和同事奚其明在1980年为上海芭蕾舞团创作的独幕芭蕾《魂》写的乐曲。去美国前我建议他尽快将舞剧音乐改编成组曲，他答应了。我是在纽约收到他寄来的总分谱的。这首乐曲很有特色，是以浙江几个民间曲调为动机，又运用了比较现代的作曲手法写成的。曲中的打击乐需要六个人来演奏。

1982 年夏在美国阿思本音乐节排演《梁祝》　　小提琴俞丽拿

一般美国人对中国音乐不太了解；不要说音乐，很多美国人甚至认为广东话就是中国话。在排练《魂》时我没花很大力气，排了两次就上台了。可见乐队水平较高，也说明好音乐能在各国人民中引起共鸣。那天音乐会的头一个节目就是《魂》。当最后一个和弦结束时，全场欢声雷动，我一再被叫出来谢幕。演奏员也十分激动，拼命用脚跺台上的地板，以示庆贺。音乐会后又为我举行了酒会，有的指挥家当场要向我租用《魂》的总分谱；也有的希望得到录音或唱片，可惜当时我都不能满足他们的要求。迪蕾女士也特地向我表示祝贺。深夜回到旅馆，我兴奋的心情难以平静，立即提笔向家里的亲人、领导写信，报告他们我为中国人争了气。我写了很久，直到黎明来到时才伏在桌上睡着了，这些情景直到现在还历历在目。

阿思本音乐节使我终生难忘。”

1982 年回国后，陈燮阳很快被授命为上海交响乐团和中央乐团的常任指挥，穿梭演出于京沪两地。身兼两职的他，也开了我国音乐界前所未有的一大先例。在这个先例的背后，有一场惊动中央高层的京沪两地人才“争夺战”。

关于陈燮阳应该留京还是回沪，其后的枝蔓很多，在此仅引用当事人之一的李凌的一段文章：“我第 2 次向邓老（邓小平）求援是为了陈燮阳的事。1977 年我调回中央乐团，陪苏联专家杜马舍夫到上海。在上海我看到年轻的指挥陈燮阳非常有才能，就建议他去法国留学。回到北京我通过邓老向文化部要了一个名额。只是陈燮阳本人想到美国学习，学成后，我想留他在中央乐团，但上海方面硬不放人，我就又写信给邓老，后来拿着邓老的信，到上海终于把陈燮阳调到了北京。

可是在中央乐团8个月才指挥一场，上海又没人，陈就又回去了。”（李凌《“有个孩子叫吕思清”——记邓小平关心音教二三事》）

京沪“争夺战”

1984年陈燮阳出任上海交响乐团团长。陈燮阳回到上海，让北京方面惋惜不已，而上海的领导给了陈燮阳双倍的鼓励和支持，大幕已经拉开，陈燮阳面对的是中国指挥家从未感受到的温暖的春天。

在上交排练

1986年12月12日上午，上海交响乐团排练大厅。上海市文化局负责人与新任命的上海交响乐团音乐总监陈燮阳各代表一方，签署了交响乐团体制改革合同书。上海市委、市政府、市委宣传部及市文化局的主管领导目睹了中国文化发展史上第一位文艺院团的艺术总监的诞生。此举被新闻媒体评为当年中国十大文化新闻之一。

中国乐坛第一位音乐总监

音乐总监

在当时的中国还是很多人闻所未闻的新名词，而音乐总监负责制是大多数国家交响乐团长期沿用并已被实践证明是行之有效的管理体制。它的特点是："音乐总监须由艺术造诣较高的指挥家担任；乐团必须围绕音乐总监的艺术主张来组织演出季的音乐表演风格；乐团的一切业务行政事务由音乐总监聘任的经理人员进行经营管理，摒弃机关的管理方法。"它的目的就在于，音乐总监负责制可较好地解决艺术表演团体内多头领导的弊端，从而使总监有更多的精力、更集中的权力从事艺术生产。

从那一刻起，指挥台上挥洒自如的艺术家，也成为中国文艺体制改革大潮浪尖的先行者。“第一个吃螃蟹的中国指挥家”，此刻的心情复杂又激动。卡拉扬之于柏林爱乐乐团，小泽征尔之于波士顿交响乐团，奥曼迪之于费城交响乐团，陈燮阳能否将他手中的上海交响乐团推向新的灿烂辉煌？

从美国、苏联、日本等地演出归来后，陈燮阳曾多次在公开场合表示：“现在的上海交响乐团与国外著名乐团相比，恐怕只属三四流”。“首先，我们一定要把上海交响乐团建成中国最优秀的乐团。再通过努力，争取早日‘冲出亚洲，走向世界’，使上海交响乐团跻身于世界优秀乐团之列”。目标是远大的，头脑是清醒的。

在他的努力下，上海发展交响乐事业基金会成立了，陈燮阳被推选为董事长，金山石化总厂、锦江联营集团、宝山钢铁公司等大企业均有代表参加董事会，为乐团解决了经济上的后顾之忧。上海交响乐爱好者协会成立了，陈燮阳出任会长，为组织发展交响乐演出观众打下了基础。1985年纪念贝多芬诞辰推出作曲家的全部交响曲；1986年推出柴可夫斯基作品系列音乐会……上海掀起了交响乐热，陈燮阳的心是热的，血也是热的。

多年之后的2000年，陈燮阳再度被任命为上海交响乐团音乐总监兼中央歌剧院院长，再度身兼两职，再次上演“京沪穿梭”，不过此时乐坛已更为蓬勃发展。

这位中国乐团历史上的第一位音乐总监，是开拓者，而不是终结者。

让我们来看 2000 年发自北京的一份名单：

陈佐湟留任中国交响乐团艺术总监，陈燮阳继续担任上海交响乐团音乐总监同时兼任中央歌剧院院长，余隆出任新成立的中国爱乐乐团艺术总监，谭利华执棒北京交响乐团……虽然这份名单上个人的任期长短不一，但这一刻真实记录了中国乐团改革的步伐，也翻开了中国交响乐事业新的一页。

命运的宠儿，也有逆境和失意。真正的英雄总是在磨砺中变得更加坚定和强大。

陈燮阳的艺术人生也曾经有起有落。由于太太1988年去香港定居，年迈的父亲也多次要求他去港团聚。1989年底，陈燮阳离开上海交响乐团赴香港与家人团聚。

但是，陈燮阳错了。他没有想到夜半辗转难眠的相思之苦，家人簇拥团聚的天伦之乐，都抵消不了一名指挥离开自己乐团的失意和寂寞！“当一个指挥家离开了乐团，就等于什么也没有了啊”，他这样说。明明是交响乐指挥，但是为了生存他只得委屈在香港中乐团作一名客席指挥。

一年来，他用自己的实力赢得了香港观众的认同，他被香港媒体誉为“中乐指挥杀手”，他让中乐团面貌一新，而与香港中乐团的合作让他对民族音乐的理解和认识更深厚了。

但是，他怎么也忘不了的是，1989年12月23日晚，上海音乐厅里他的告别音乐会上，观众席中传来的“陈燮阳不要忘记上海，不要忘记我们”的呼喊，朱践耳先生登台相赠他一尊绍兴花雕，更让他几欲落泪，难作“酒别”（久别）……陈燮阳在苦苦思索，直到上海交响乐团访问香港的演出，让他顿悟了。

香港的磨砺：游子归去来兮

大公報

一九九○年六月二日　星期論壇；生于閣

離鄉別井 藝術何價

陳玉書

陳燮陽

中國新一代指揮家喬居香江

「傳奇樂韻」首音樂會月杪演

指揮家陳燮陽將執棒領導中樂團「傳奇樂韻」音樂會演出。

当晚，上海交响乐团演出的是柴可夫斯基的《第五交响曲》，是自己心爱的曲目之一，台上的加拿大指挥表现不俗，更让陈燮阳心里无法平静，“我的人生究竟是为了什么，我的天地，我的土壤不是在这里，我要回去！”

1991 年春天，陈燮阳真的回来了。上海市领导张开双臂热情欢迎这位回乡的游子。就在他抵达上海的第二天，上海市文化局宣布：重新任命陈燮阳为上海交响乐团音乐总监。就在当晚，陈燮阳站到了指挥台上，他仿佛感受到背后有千百双热切的目光在注视，那是父老乡亲的目光！忽地挥手起拍，斯美塔纳交响诗套曲《我的祖国》，从他的指挥棒尖、从他的胸怀中流淌而出……

从那一天起，他决定把这一生献给上海，献给中国。

家事记忆

1939年5月4日，陈燮阳生于上海南京路的一条弄堂里，祖籍是江苏省武进县鸣凰乡大兴桥。

左为母亲朱铭庆，39 岁逝世

美和慧的化身：母亲

❖ 在陈燮阳的记忆中，母亲不仅是生命中最初的爱和快乐时光的源泉，也是他艺术人生启蒙的缪斯女神。

出身于书香门第，多才多艺的母亲尤其擅长山水画，30年代曾同当时上海的四大才女一起举办过画展，何香凝为那次画展题了词。陈燮阳至今珍藏着一把父亲交给他的折扇，那也是从他父亲手中得到的关于母亲的惟一的珍贵遗物。

扇面正面是一幅中国水墨山水，布局清雅，笔法娟秀，

“母亲是真正的大家闺秀，很有修养。

我最早接受的艺术教育和熏陶，是母亲给的

是包括京剧、昆剧、绘画等在内的艺术给的，

她琴棋书画都会的，比我全面多了”。

“妈妈虽然不是演员，却是“正宗”的京昆票友，会唱很多戏，唱歌的声音也很好听。”记忆中，他就是在母亲的怀抱里，听着母亲哼唱京剧、昆曲唱段，逐日长大。

在最早的记忆里，大约从四岁起，就有跟着母亲学唱京剧的影子，那些唱段至今清晰依旧：第一首应该是《游龙戏凤》中的“孤王打坐在梅龙镇”唱段，然后是《乌盆记》中：“老丈不必胆怕惊”唱段，朗朗上口的还有《武家坡》、《甘露寺》等京剧中的唱段，就算意思搞不懂，可唱词却都能背下来了。

为避战乱，陈燮阳跟随母亲和姐姐一起离开上海，回到常州武进县的外祖家，乡下的生活对在上海弄堂亭子间中的孩子来说，自然另有一种新鲜和自由。常州乡下每年三月有庙会，那是孩子们的“狂欢节”——唱山歌的、唱小调的，都那么好听，可把小燮阳乐坏了。而天赋乐感让他赢得了“过耳不忘”的名气：“一拜天二拜地，三拜南海观世音……”不管什么曲子小燮阳一听就会，唱起来还真是有板有眼。“从小就特别爱听母亲唱昆曲，外祖父吹曲笛伴奏，我在一旁就用洗衣刷子敲节奏板眼，其乐融融。”这是真正的艺术滋养吧，戏曲的味道在童年的心头上缭绕，胡琴的声韵在梦中流淌得以悠长……

母亲

父亲和母亲婚姻的不幸，让他过早体会了人生的不如意，但在母亲身边的日子仍是他一辈子取之不尽用之不竭的美好回忆。童年生活中父亲的缺席，使得母亲更为重要了，她就是美和慧的化身。

❖　大约在七岁的那一年，胆大的陈燮阳居然第一次登台了。那一次，是乡下来了戏班子，土戏台前挤满了乡亲，锡剧团开演前的锣鼓中，小燮阳被邻居抱上台，要他先唱一段给乡亲们助助兴。他扯开喉咙来了段《甘露寺》，居然赢得了满场彩声。这下子出了名的小戏迷就更迷戏了，有次他竟瞒着祖母偷偷到别的村庄看锡剧演出，气得祖母差点请他“吃生活”。

❖　1951 年，在陈燮阳 12 岁的那一年，39 岁的母亲因患癌症长逝。不久之后，父亲只身去了香港，他跟着姐姐回到武进县祖父母身边。童年的阳光似乎也一去不复返了，无父无母的生活更加艰难了。

❖　可是就有如他一直珍藏着的老照片一样，母亲的笑靥总是年轻甜美的，照片上的旗袍在儿子的眼里就是一种风华绝代了，“妈妈很漂亮，有才华，也温柔善良，却是很不幸的。人生，有时候真是不公平。”即使已经年过花甲陈燮阳回忆母亲的时候，眼神还是会一下子变得温柔而感伤，那种深深的眷恋仿佛从未从他的心中淡去……

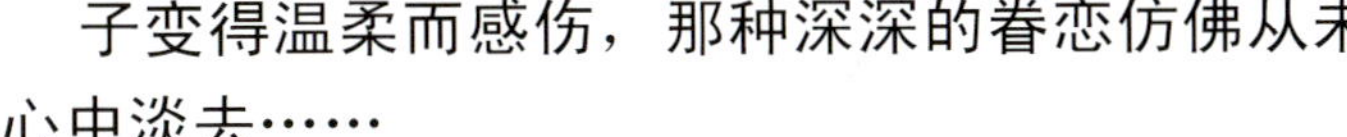

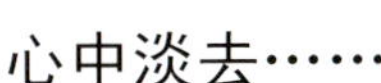

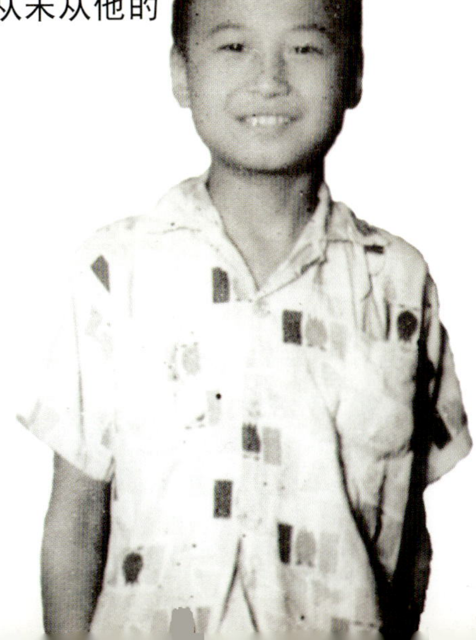

熟悉而又陌生的父亲

右为父亲，中为继母

在陈燮阳从小的记忆中，父亲陈蝶衣只是一个“偶尔”出现的人。父亲基本不和母亲在一起生活，而是独自住在外面，只是偶尔回来看他和姐姐。有一次，父亲送来几张电影票，演什么不记得了，但陈燮阳记住了片尾曲是父亲写的。当周旋唱的片尾曲响起时，很多人都散场走了，可小燮阳却一直坐在那里，呆呆地坐了好久，第一次为父亲而自豪。事实上，父亲陈蝶衣是三、四十年代名闻上海的词作家，他创作的三千多首歌词，有许多被传唱了半个多世纪，《凤凰于飞》、《花外流莺》、《情人的眼泪》、《南屏晚钟》、《我有一段情》等著名歌曲。在当年的上海滩是颇有名气的才子，是《明星日报》、《万象》杂志的“元老”，在三四十年代的上海报业、音乐界、电影界中，陈蝶衣十分活跃。由他和冯梦云、毛子佩三人筹备组织的“中华民国二十二年第一届电影皇后评选”（1933年），选出胡蝶为第一位“中国影后”，盛况空前。

陈蝶衣天资极高，连中学也没有正式读过的、15岁从乡下到上海的他，硬是从报馆的打杂、校对做起，以深厚的古文修养和高产的创作成为闻名海上的一代墨客。而且蝶老酷爱音乐的性格，在儿子陈燮阳身上潜移默化地留下了深深印记。

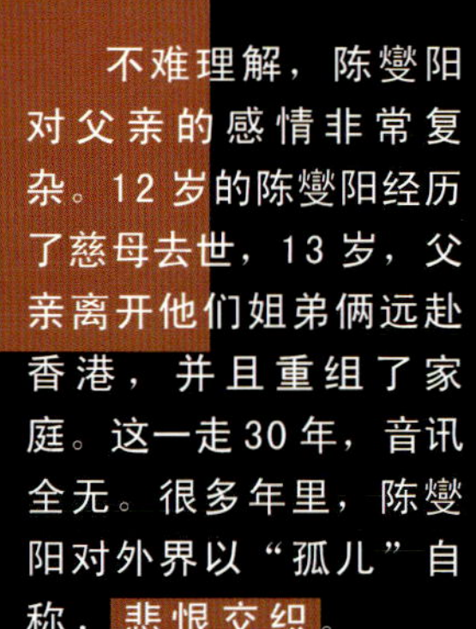

不难理解，陈燮阳对父亲的感情非常复杂。12岁的陈燮阳经历了慈母去世，13岁，父亲离开他们姐弟俩远赴香港，并且重组了家庭。这一走30年，音讯全无。很多年里，陈燮阳对外界以“孤儿”自称，悲恨交织。

祖母、祖父、陈燮阳、继母、父亲（左起）

陈燮阳承认，对父亲的感情是经历了“爱和恨的大逆转”的。多年来，埋藏在心里的积怨随着时间的流逝，渐渐被思念所替代。自己成家之后，也逐渐理解了父亲因反抗封建包办婚姻而“出走”的心情。改革开放之后，托香港的朋友问到父亲地址后，他写了一封信给父亲，信中没有抱怨，只告诉老父，儿子事业有成了，很想念你。陈蝶衣收到信后老泪纵横，思念、歉疚、兴奋、幸福再加上被宽容，激动得不能自已。他当即题诗一首：

花枝正自饰春妍，忽有飞书下九天；
辨字只疑非熟稔，审名方悟是团员。
大开笑口三千刻，中断亲情廿六廿；
俪影一帧撑眼认，小斋添得小骈肩。

1982年2月，陈燮阳在结束赴美考察、指挥后回国，途经香港，终于与阔别30年的父亲相见了。在机场，陈燮阳一眼就认出了80多岁的父亲，并没有想像中的奔跑拥抱，他只是快步走上前用上海话叫了一声“爹爹”，眼泪就下来了。老先生也只是抓住他的手叫了声“燮阳”，任泪默默流下。那一刻，冰封在心中的恨已经被血脉中同样的温度融解了。当时，父亲要儿子留下来，儿子为报效祖国而毅然辞别老父。

1982年，在香港新闻发布会上（右）

首次团聚之后，父子俩又分开了。之后只有鸿雁传音，尺素传情。1989年年底陈燮阳在定居香港的妻子的要求下，赴港定居，但强烈的事业心和思乡情让他年余后返回上海。九十年代，父子曾数度携手，联袂于老歌旧梦，特别是2002年在澳门的“海上续梦”音乐会上，陈燮阳指挥上海交响乐团伴奏，台湾著名女歌手蔡琴领唱，全场观者齐唱一曲“生日快乐歌”。曲未央，蝶老走上台去，与儿子紧紧相拥……整整半个世纪的似水流年，荡涤尽了心灵上的沙尘，这对父子终于在这一刻才重续了天伦之乐。

陈燮阳的音乐人生路上，有最关键的一步，是牵着姐姐的手跨过去的。

牵着姐姐的手

牵着姐姐的手

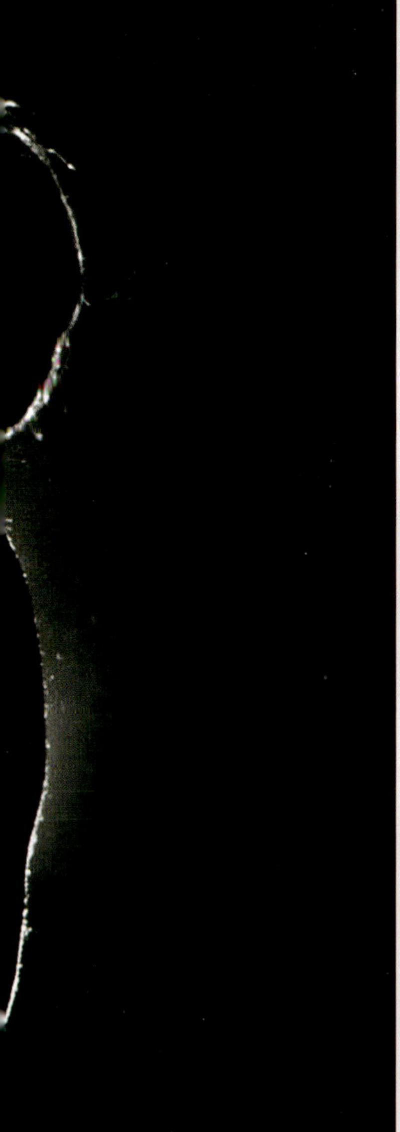

大他六岁的姐姐陈力行非常疼爱这个弟弟，在母亲去世、父亲远走他乡后成为陈燮阳最亲的人了。同样颇有艺术天分的陈力行，和母亲一样爱唱歌，从小就是文艺骨干，上海解放后，陈力行十分向往人民军队。终于她瞒着母亲，偷偷去报名参军，成为一名文艺兵，1950年的冬天，陈力行随中国人民志愿军部队开赴朝鲜战场。从朝鲜回来后，她被调到华东军区解放军艺术剧院，即现在的南京军区前线歌舞团任歌唱演员。

长兄如父，长姐如母。陈力行瘦弱的肩膀上承载着弟弟对艺术的梦想。当时在武进县读书的陈燮阳，对音乐有天生的敏感和热爱已十分突出。他看到邻居家墙上挂着一把破京胡，他就借来把玩，并千方百计要对它施行“革命”，他与小伙伴一起去抓蛇，把蛇皮剥下包在京胡上，没有马尾，就弄来牛尾巴毛做琴弓。哈！有声音啦！而且，没有老师教，陈燮阳硬是自己把一个个音摸拉出来，并越拉越好。又和两个小伙伴组成了三人小组合，夏夜里在大谷场上吹拉弹唱，不亦乐乎！二胡成了陈燮阳课余生活中最重要的东西。后来，前线歌舞团里，姐姐的一位同事被少年眼里的热切之情所感动——“真没见过这么喜欢二胡的孩子呢！”便把自己的二胡送给了他 —这是陈燮阳第一次有了一件属于自己的真正的乐器。这一切，姐姐都记在了心里。

1953 年的那个夏天，与众不同

当陈力行在报纸上看到，当时的中央音乐学院华东分院附属中学（后来的上海音乐学院附中）的招生信息，尤其是“学校提供学费和助学金”的字句，让她的眼睛一亮。陈力行连忙写信回家，叫弟弟自己乘车来南京，并带着弟弟一起来到了上海报名考试。穿着一件奶奶做的白布汗衫，背着自己的二胡，在武进县街上新剃了一个农村头，14 岁的陈燮阳走上了他的赶考之路。

姐弟两人终于一路摸索着来到了上海音乐学院附属中学招生处。没想到差点吃了“闭门羹”。由于招生简章里明明白白地写着招生对象是小学毕业生，而陈燮阳当时已经读初二了，加上报名期已过，学校本不同意他报考。一听此言，陈力行急得眼泪都流下来了，再三恳求，“给他一个机会吧，请老师听他拉拉看，哪怕不录取，听听也好！”也许是姐姐的泪水打动了工作人员，更因为招生老师出于对人才的爱惜，谁也不忍心让这远道而来的姐弟俩太失望，他们答应去请示一下校长。时任附中校长的是著名音乐家贺绿汀先生的夫人姜瑞芝，在听完汇报后，姜校长表示同意破格进行一次面试。姐弟俩被请到教室里，几位教师开始对陈燮阳进行面试，他先用二胡拉了《二郎山》，又唱了一段《歌唱井冈山》，聪颖的气质和灵敏的乐感，使几位主考的老师喜上眉梢，音准、节奏、记忆，都好极了。即使是从未正式接触过的和声，陈燮阳也有如神助地复述了出来。几位老师一致同意给了陈燮阳一张准考证，编号为“特 1 号”。在通过了文化课考试，陈燮阳如愿被上海音乐学院附中录取了，从此正式走进了音乐的殿堂。

弟弟进了一流的学校，姐姐这个高兴啊，可是经济压力也随之而来。当时部队实行的是供给制，每月只有十几块钱的津贴。陈力行将她微薄的收入“一分三”，五元寄给乡下外公外婆，五元寄给上海的弟弟，供他读书——就这样，陈力行一个人担着全家的担子，再贫困的日子里只要想到弟弟能学习音乐，就感觉是最大的安慰。

有一次陈力行借出差路过上海，时间匆忙来不及和弟弟说话。她就跑到学校找到了教室，站在窗户外面偷看。当她看到，在镶着大镜子、摆着钢琴的大教室里，三位老师在给陈燮阳一个人上课时，陈力行哭了，从小同样深爱艺术的她，在弟弟身上感受到了一种前所未有的幸福。

姐姐爱弟弟，姐夫自然也不能落后。

每次姐夫到上海出差，都要捎些钱物给内弟，更不忘记要把内弟接出来打打牙祭。

一次，姐夫看见陈燮阳的黄胶鞋开了一个大窟窿，在寒冬里脚面已被冻得通红。

姐夫鼻子一酸，把自己的鞋子脱下和小燮阳对换，自己穿着窟窿鞋回家了。

附中同班同学
后排左四

都说陈燮阳太幸运，乡下孩童居然考进了全国一等一的音乐学校，而上海音乐学院附中不仅免去了他的学费，还提供了人民助学金作为生活费，更有当时全国一流的师资力量。他身上那股土气和纯朴很快化成一种奋于进取、刻苦钻研的执着。在老师们的引导下，他在音乐殿堂里膜拜巴赫、莫扎特、贝多芬，神交勃拉姆斯、柴可夫斯基……遨游在瑰丽多彩的音乐王国里，他终于放下了自己爱不释手二胡，在钢琴面前叮叮咚咚起来，沉浸入更宽广的音乐海洋。

闻名全国的著名指挥，那一种历经沧桑的幸福，自是难以言喻。

母校是家

1958 年在附中校园劳动

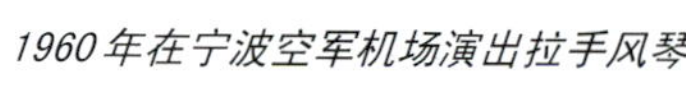

1960 年在宁波空军机场演出拉手风琴

只身在上海求学的日子是艰难的，因为在上海没有家，陈燮阳平时很少外出，即使是星期天也一个人躲在宿舍里听一张又一张唱片。他比谁都学得刻苦，加上聪颖的天资让他迅速成长起来，入学第二年，他就尝试写作曲，赢得了包括音乐学院丁善德院长在内的老师们的肯定。他独自或与别人合作，写下了《山区公路通车了》、《新运河》、《养蜂场》等曲目，并被制成唱片在全国发行。附中岁月的点点滴滴，都被陈燮阳珍藏在心里。很多很多年后，几度乔迁的他又把家安在了离附中一墙之隔的艺术家公寓里，从书房的窗户望出去，就是自己度过青春岁月的琴房，只是当年刻苦练习的清瘦男孩已经成为闻名全国的著名指挥，那一种历经沧桑的幸福，自是难以言喻。

在文化课教室

附中时的学生证

附中岁月的点点滴滴，都被陈燮阳珍藏在心里。

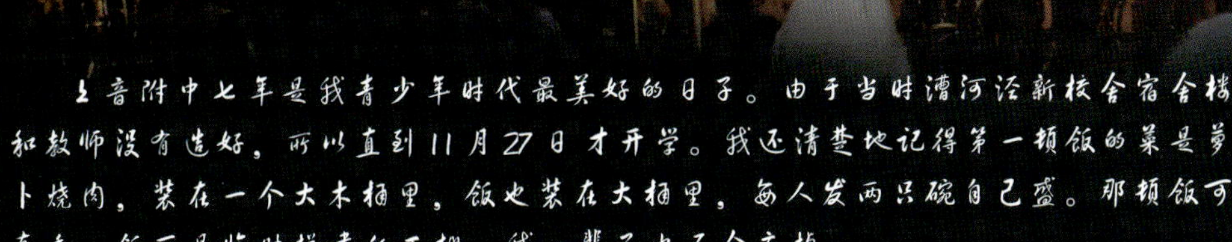

附中回忆点滴（陈燮阳）

上音附中七年是我青少年时代最美好的日子。由于当时漕河泾新校舍宿舍楼和教师没有造好，所以直到11月27日才开学。我还清楚地记得第一顿饭的菜是萝卜烧肉，装在一个大木桶里，饭也装在大桶里，每人发两只碗自己盛。那顿饭可真香，饭厅是临时搭建的工棚，我一辈子也不会忘掉。

我和其他三个同学住在一个宿舍，上下铺。第一晚，兴奋得说话说了一个晚上，谁也没有睡着。那时宿舍没有电，点的是蜡烛。一两个月后做早操的时候，一位山东口音的老师叫了一声“来电啦!”才有电灯。

那时候校名很长，叫《中央音乐学院华东分院附属中等音乐学校》，戴着校徽在路上走，神奇得很。

1953年附中成立，我们算是第一届。比我们高的有两个班，他们是少年班转来的，大的如卞祖善，江明惇他们；还有一班是沈一鸣，赵诞青他们。在我们眼里他们是大哥哥，大姐姐了，他们早入学，便教我们不少东西，包括玩。

在附中我如饥似渴地学习。进校时我五线谱都不识，当时，程卓如校长亲自教我们基本乐课，她非常严格，大家都怕她，但我们的基本乐课基础打得很好。那时候还上民歌课，我记得有一次张民权老师教我们唱民歌《小白菜》，张老师唱得动人极了，我感动得满脸泪水，被同学们发现了，大家都看着我；张老师非常和蔼地安慰我，50年过去了，这一幕至今历历在目。

初中时，大学部指挥系的学生颊广益先生指挥我们班唱童声合唱。我们不但在音乐会上演出，有时还去电台录音。他看我还比较机灵，一天他问我：“将来想不想学指挥？”我说：“想。”他就经常叫我到他琴房给我练耳朵，练二部、三部视唱；给我讲很多音乐家的故事，听他们的作品；还教我一些指挥的基本动作，放松的姿势等。从此，我就迷上了指挥这个行当。七年附中毕业。1960年就升到本科指挥系，走上正轨学习指挥的道路。

1969 年在北京北海公园

幸福时光

那一年王健英还不满19岁，陈燮阳刚刚27岁。

1967 年合影照

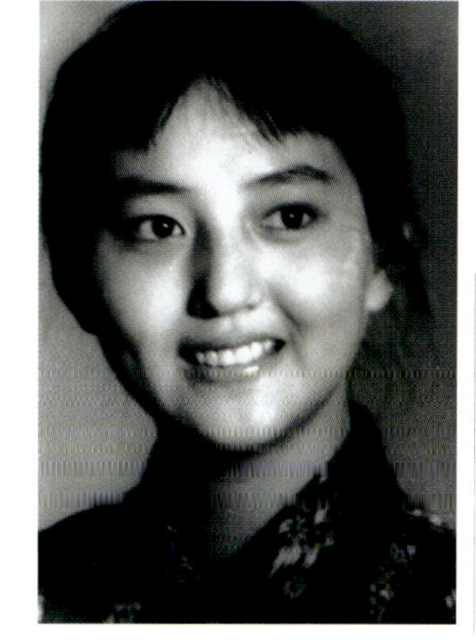

恋爱"蜜"史

1967年的夏天，上海戏曲学校。两个高高瘦瘦身穿"样板服"的年轻人一路找到了位于地下室的练功房。教室里一个人眼睛脸蛋红扑扑的女孩子正在练功，"你就是王健英吧？会唱'白毛女'吗？"女孩闪亮着一双大眼睛看这个向她发问的斯文清秀的戴眼镜青年，说："唱'北风吹'？我会啊。""那好，你就唱一段'北风吹'吧。"

那一年王健英还不满19岁，陈燮阳刚刚27岁。

后来，戏曲二班的学员王健英才知道，样板戏《白毛女》朱逢博是A角，剧组派指挥陈燮阳和缪陆明、於群昌等一起选个B角，本来想找李元华，一时之间找不到人，正巧有人推荐了王健英，陈和缪一起到戏校的一间地下教室里，找到了她。于是《白毛女》有了个出色的B角，陈燮阳后来的幸福人生有了惟一的女主角。

学京剧出身的王健英，扮相甜美，声音也好，是当时戏校的高才生。可是进了《白毛女》剧组，才发现，《白毛女》远远不是"北风吹"那么简单。她最不适应的就是，京剧唱腔的演绎可以很自由，但是歌剧的音高、节奏却非常严格，必须准确无误。于是，剧组安排陈燮阳给王健英辅导练习，于是，就有了琴房里两个人一对一的排练。在那个年代，青年男女之间总是"莫名其妙"地特别严肃的，两个人，一个是一口一个毕恭毕敬的"陈老师"，一个是几乎从来不笑，话都很少说，人往钢琴后面一坐头都不抬，手指往上点就是音高了，手指往下点那就是低了。

那时候，公共电话是要叫的。“陈燮阳不在！”“王健英来电话请陈指挥看今晚她主演的《沙家浜》，票子到后台拿。”“晓得了！”那天在宿舍的乐队小号手周洪富不仅把留言传给了陈燮阳，更亲自陪陈燮阳来到市革办大礼堂的后台，“怎么王健英不打电话给别人，就打给你了，你心里要明白点啊。”虽然是第三者的“白说白话”，可一句话却点醒梦中人。站在化妆间外，陈燮阳在举手敲门前的一刹那，心里上了一根弦——以前自己只当是指挥，演出、排练从来都是用耳朵，今天应该好好看看王健英，到底是不是……门里面，正在上妆的王健英听说陈指挥真的来看戏了，没心事的小姑娘可高兴了，全不顾脸上才上了一半底彩就往外冲……两人门口一对脸，陈燮阳做梦也没想到看见的王健英是个半脸油彩的花脸模样，再也绷不住平日的严肃模样，放声大笑起来，这一笑他心里就真的有了这个人。再后来，老到的周洪富一有机会就做王健英的“思想工作”，剧组下乡演出的路上，长途汽车一路颠簸，他一路开导：“陈燮阳此人极好，业务好就不用说了，他待人也好，而且他不是只待谁一个人，他待周围的人都是这么好，这么好的人，你打了灯笼往哪儿去找啊……”车子一路颠着，周洪富的话，陈燮阳的好，就一路颠进王健英的心里去了。

1969 年在北京中山公园

妻子王健英演出《百花赠剑》

1986 年，在日本京都

恋爱是什么滋味？是虹桥路上57路的车站，是汾阳路上的梧桐树影，是喝得心里甜甜的咸豆浆，是熟识摊头的阿婆手里接过来热乎乎的大饼油条，是宿舍一个伏案工作，一个在背后“捣鬼”“作画”（幅“陈燮阳伏案工作图”铅笔画至今保留着），是第一次登门作“毛脚”，戴着帽子藏起日渐稀疏的头顶却紧张得一句话也说不出来……

结婚了。锅碗瓢盆放在一起来，难免有个磕磕碰碰。生活在一起，才发现原来两个人性格反差这么大！“你怎么这么沉闷，一天不说几句话，闷死了。”“你哪儿来这么多话说也说不完，不如对着墙壁说去，要不，买个录音机给你？”

互补也是一种幸福，两个人在一起越久，越懂得了对方的好。

陈燮阳对夫人说："我母亲走得早，父亲离得太远，这辈子有你，我才觉得有了自己的家。有了你，我就觉得老开心老开心的。"

王健英的父母曾经嫌陈燮阳是搞音乐的，怕女儿跟他受穷受苦，又嫌他头发少（他28岁就开始谢顶了），曾经非要给女儿介绍医生啊、港商啊，偏偏王健英也是一根筋啊，就是扭着脖子不低头，"父母拿来的照片就放在桌上，我硬是一眼都不看。"后来，成了向丈夫打趣的材料："幸好没看啊，看了说不定就没你，也就没有今天的我们啦。"

陈燮阳有时候也觉得对不起太太："健英是个非常优秀的戏曲演员，如果不是因为我，她现在的成就可能比我高得多。她为了我，可惜了。"

王健英最心疼丈夫："他从小家境凄凉，不爱和人说话，寒暑假也在学校过。就是勤奋、用功，一点点工资、补助全部买乐谱和资料了。我认识他时他连件毛衣都没有，棉衣里面就是衬衣了。他的第一件毛衣是我买了两斤毛线织的，第一件丝棉棉袄是我妈妈给他做的。小时候苦惯了，谁对他一分好，他都记成十分，更是叫人心疼。"

就是这样，两个人一路走来，几度远隔重洋，几番跋山涉水，无数次聚散离合，成就了今天的相濡以沫。岁月，是照相馆橱窗里被当成广告的大幅婚纱照；是旧房子里没有家具就用纸板箱堆出来的温馨，是艺术公寓里光可鉴人的大钢琴和花瓶中自家种的月季花……

1980年在上海

王健英

王健英原籍苏州，后考入上海戏曲学校，正副校长是京昆艺术大师俞振飞和言慧珠。在校八年王健英先学刀马旦和梅派青衣，接着拜师名家李玉茹和荀令香，承京荀派花旦演出，同时在俞、言两位校长倡导“京昆不分家”的教学原则指导下，王健英还学唱昆曲，演过昆曲《牡丹亭》，是个“文武不挡”“唱念做打”俱佳、有多方面女角才能的优秀演员。

从上海戏曲学校第二届京剧班毕业，她进入著名的上海京剧院，成了院里的主要演员之一，在老师李玉茹领导下的京剧院三团，她演过《红娘》、《拾玉镯》、《穆柯寨》、《杨门女将》、《霸王别姬》等梅派和荀派名剧，曾随团到欧洲数个国家巡演。为了拓宽自己的艺术之路，她又到上海音乐学院师从著名的声乐教授王品素学习了两年的声乐，这就使她的戏剧演唱和歌唱才能有了更宽广的表现力和引人欣赏的艺术魅力。文革期间，她在上海京剧院演过《杜鹃山》、《沙家浜》、《傲雷·一兰》等剧中的女主角，同时成为歌剧《白毛女》的B角。

八十年代初期，王健英和陈燮阳一起参加了《中国革命之歌》大型歌舞的排演，担任“南湖星光”一段领唱。王健英后来到日本，经日本著名作曲家芥川也寸志推荐，进入日本大学艺术研究所从事舞蹈、狂言、能乐和歌舞伎的研究，还曾在香港电台任普通话节目主持人。

1986 年，在上海电视台春节联欢节目上

1979 年补拍结婚照

Vivez, travaillez, étudiez
AUX USA
55 000 VISAS
GREEN CARDS DELIVRES
Inscription au :

2004年在欧洲

“地中海”式长发，金色边大眼镜，陈燮阳的确有让人过目难忘的形象，而且在指挥台上一站，不怒而威。

“地中海”式长发，金色边大眼镜，陈燮阳的确有让人过目难忘的形象，而且在指挥台上一站，不怒而威。作为中国当代最具知名度的指挥家之一，虽然艺术水准让他站在了乐界领军人物的位置，而真正让他家喻户晓的，还是电视等大众传媒的威力。陈燮阳指挥中央民族乐团在维也纳金色大厅刮起了一阵“金色旋风”，回国后，又率领民族乐团举办“金色回响”巡演，全国大热。指挥台上陈燮阳时而雷霆万钧、时而拈花微笑的形象通过中央电视台及全国近百家媒体的广泛报道而家喻户晓，深入人心。在音乐演出界，“明星指挥”陈燮阳几乎成了票房的保证。

钱，不是不重要的，但一定不是最重要的。每次涉足广告，陈燮阳其实都颇费斟酌，非要广告商承诺将突出音乐，能反应他对指挥的执著热爱，他才点头。

2004 年 1 月，陈燮阳与上海南浦食品公司签订广告合约出任黄酒“君再来”的形象代表，其广告收入分文不留，全部捐给上海交响乐团。在他的感召下，厂方也诚恳允诺，每卖出一瓶酒捐一元给上海交响乐团。这次他和广告方联手共捐赠上交 100 万元的义举感动了许多人。

也有人怀疑，他捐款一百万一定是为了立碑扬名。可陈燮阳想都没有想过这一点。他说“这笔钱主要将用于请外国著名指挥家、独奏家来上交合作，提高上交演出水平，当然它如果能唤起更多人来关注我们的交响事业，我会更高兴的。”他更希望这次捐赠活动仅是一个开端，今后能通过系列推广活动鼓励更多企业和消费者加入支持爱护高雅艺术的队伍中来。

萍踪笑影

迄今为止，陈燮阳到底去过多少个国家和地区，

他自己都已经记不清了。但是，总有一些风光特别叫人流连，

而比美景更难忘的，是和挚友、知己共同分享的生命中一次又一次的动人瞬间。

日本

樱花烂漫的东瀛，有陈燮阳的不少好朋友。因为两国一衣带水的紧邻关系，因为妻子曾经负笈东渡数载，日本的风土人情陈燮阳已是再熟悉不过，就连他的唱片收藏中，从日本大型音像连锁店购得的古典CD就有厚厚一叠。而十多年前，一次他指挥仙台交响乐团演出《梁祝》，日本著名作曲家芥川也寸志被感动得泣不成句，在后台拉住陈燮阳说“我早就看过这部作品的总谱，心里觉得没有什么啊，今天一听太意外了。是你给了我这样的幸福！”两人随成莫逆，后来陈燮阳才知道芥川家族在日本文化界地位甚高，“芥川”文学奖即是以其父的名字命名的，他也至今珍藏着已作古的老朋友亲手赠送给他的“珍爱”——《马勒交响曲全集》唱片。

与中央民族乐团在日本札幌音乐厅演出

有趣的是，上海交响乐团首席潘寅林也是日本乐团历史上第一位中国首席，潘寅林还记得自己和陈燮阳一起在日本巡演时，以严谨刻板闻名的大阪交响乐团演奏员们对这位中国指挥的灵巧浪漫的处理心存“抵抗”，气得陈燮阳扔下一句，“人，no machine”后拂袖而去，剩下独奏加翻译的潘寅林慢慢和他们解释。后来演出成功后，大阪那位乐团首席真心向陈燮阳敬酒致意“你是真正的天才的音乐家！”酒醉，两人遂成好友。

2002 年在日本与大阪爱乐乐团合作
小提琴独奏：潘寅林

朝鲜和韩国

关于朝鲜，陈燮阳有自己独特的记忆，他在《令人惊异的朝鲜国立交响乐团》中写到："从1972年起，我曾三次访问朝鲜，每次东道主都会安排我和同事们观看此团的演出。2001年3月，当时我们上海交响乐团应金正日总书记的邀请，前往平壤访问，举办了四场音乐会，得到了金正日总书记和朝鲜各界听众的热烈欢迎。同时东道主安排我和同事们观摩朝鲜国立交响乐团的演出。

在春风送暖的牡丹峰上，矗立着朝鲜国立交响乐团具有欧洲建筑风格的音乐厅，朝鲜同行以贵宾的礼遇，夹道欢迎我们步入剧场，而后拿着乐器带些军人的风度鱼贯登台就座，个个显得精神饱满，人人都是全神贯注。这个在金日成主席倡导下，于1946年诞生于战火里的乐团，演奏极富特色。令人惊异的是，从指挥到每个演奏员，无论是演奏交响诗《青山里田野的丰收》、《血海》组曲等朝鲜作品，还是演奏《白毛女》组曲等中国作品，朝鲜同行都是背谱演奏，他们的面前既没有谱架，也没有

在朝鲜演出

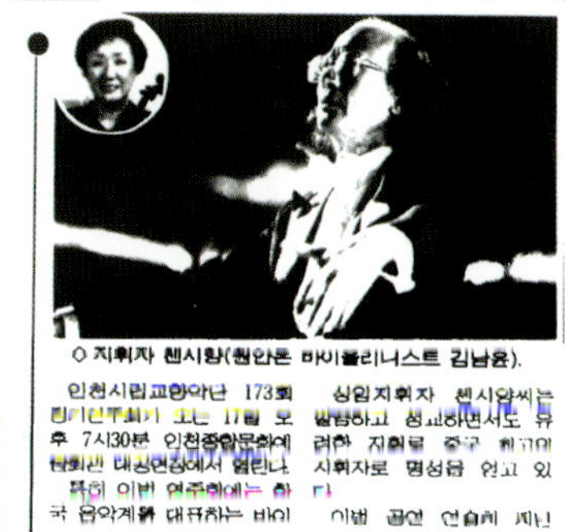
○ 지휘자 첸시앙(원안은 바이올리니스트 김남윤).

인천시립교향악단 173회 정기연주회가 오는 17일 오후 7시30분 인천종합문화예술회관 대공연장에서 열린다.

특히 이번 연주회에는 한국 음악계를 대표하는 바이

상임지휘자 첸시앙씨는 [illegible]하고 섬세하면서도 유려한 지휘로 중국 최고의 지휘자로 명성을 얻고 있다.

이번 공연 연습에 [illegible]

오는 17일 仁川市響 정기연주회

在朝鲜和韩国演出

韓·中수교 2주년기념

上海交響樂團초청대공연

Shanghai Symphony Orchestra Concerts in Seoul

乐谱，这恐怕在世界乐团中是罕见的。朝鲜同行的演奏具有可看的‘表演性’，只要演奏起来，所有的演奏家都是弓法一致、把位一致、动作一致，每个人的头和身体都会随着音乐的流泻，而左右来回摇动，从台下往台上看，整个乐队如同一人在演奏，其动作的整齐划一，像荡漾开来的春波。外在的富有节奏感的动作是朝鲜国立交响乐团的一个演奏特色，可它对作品的真实感人的体现，协调和谐的演奏，超群脱俗的技艺，才是最主要的。”

为朝鲜交响乐团惊讶不已的陈燮阳，自己也成为极受朝鲜观众欢迎的指挥家。在平壤，演出之后，陈燮阳受到了当地群众的夹道欢迎。后来，陈燮阳率上海交响乐团多次访问韩国，在汉城、仁川等地留下了更多的掌声。

주최：國民日報社 · SBS 서울방송 · 예술의전당

奥地利

在维也纳金色大厅暴风雨般的掌声之外，奥地利还有另一种天然的恩赐，森林和冰雪的空气是冰清玉洁的。漫步维也纳街头，玩味施特劳斯的花园，寻访莫扎特、贝多芬的足迹，陈燮阳忽然有了一种难得的平静。他记起在中国民族音乐会上，和他同为美国耶鲁大学校友的布拉威教授讲过的故事，一个将中国、金色大厅和约翰·施特劳斯紧密相联的故事：1873 年维也纳举办了世界博览会，11 月 2 日博览会闭幕之际，参加博览会的中国代表团在金色大厅举办了规模空前的庆贺晚会。在中国代表团的赞助下，约翰·施特劳斯来到了现场，并第一次在这里指挥演奏了《蓝色的多瑙河》圆舞曲，这是这支写于 1866 — 1877 年的当时的“流行音乐”首次被维也纳爱乐乐团演出。这座属于音乐的城市是多么神奇，它就这样跨越了时间空间、民族国界，把人和人的心紧紧握在了一起……

法国

从1977年随上海芭蕾舞团访问法国巴黎到2004年中法互办文化交流年，浪漫的法兰西对陈燮阳来说，早已不再陌生。巴黎最吸引他的不仅是国家歌剧院的堂皇，也是塞纳河左岸让人流连的书报古董摊。几张纸张发黄的乐谱手稿，一张普契尼歌剧演出的旧海报，每次走过西岱岛，他总是会因为有新发现而乐不可支。2004年夏天的访问，因为有了妻子王健英的陪伴而格外温馨。在国内几乎不可能的事情发生了，德高望重的指挥家和美丽端庄的妻子走酸了脚，相互依偎着在意大利广场上席地而座，幸福得就像树阴下的一对羽鸽……

塞纳河左岸有没有宝贝？

很多写陈燮阳的

乡下

毕业后

改革开放之初就得到

在一串"额

笔

很多人，对我来说很重要

陈燮阳都会

都提到了他是多么幸运：

被全国一流院校录取。

“破格”的：

务尖子进了上海芭蕾舞团管弦乐团。

在非常年代指挥不辍；

赴美国深造……知情人才会懂得。

青”（沪语：指运气特别好）的背后。

的是陈燮阳的才情。

研究大量资料后发现，在某些特定的历史时刻，

出其右者”而成为不二人选。

他的才华和水准保证了他在指挥台上，

“赶都赶不下来”。

对陈燮阳来说

无论是“额头高”还是“才情高”的议论纷争。

他自己都不太放在心上。

倒是那些曾经在他的艺术人生道路上刻下或深或浅印记的名字，

“有很多人，对我来说很重要”，

那些曾经在艺术人生中为他推开一扇窗的人，

或者在黑夜里为他点燃一支炬火的手，

陈燮阳一刻也没有忘记过。

丁善德：该生有创作才能，宜注意培养

在进入上海音乐学院附中学习的第二年，陈燮阳就不知“天高地厚”地作曲。而当时的音乐学院院长、著名作曲家丁善德看了他的处女作小提琴独奏曲《进行曲小品》后，十分欣喜，拿过来又弹又改，亲自对他加以指点。事后，丁善德还给附中教务处写了一封信：“附中学生作品我已阅过，并了解该生从未学过和声、作曲，错误不多，该生有创作才能，宜注意培养，并在适当的机会给予试奏，以资鼓励。”陈燮阳知道后甚为感动，将那寥寥数语的纸片珍藏至今。当陈燮阳应笔者要求挑选自己最喜爱的“音乐珍藏”时，他指挥上海交响乐团录制的丁善德交响音乐作品（磁带三盒），赫然入选，别有一番情深意长。

附中学生作品已阅过，並了
解從未學過和聲、作曲，錯誤不
多，該生有創作才能，宜注意培養，並
在適當機會試奏，以資鼓勵。
附中教導處
丁善德 四日

上图右起：朱践耳、芥川也寸志、周文中、贺绿汀、陈燮阳、钱世

左起：林乐培、贺绿汀、陈燮阳

贺绿汀：喜欢和燮阳谈音乐

陈燮阳新婚不久后的一天，云阳里幽暗的走道里上来了一位客人，年轻的王健英并不认得满头白发的贺老，正在炒菜做饭忙得不亦乐乎的她只是抬头对着里屋大喊一声：“陈燮阳，有个老头子找你！”陈燮阳从满台乐谱上抬起头时，贺老已经笑眯眯地站在屋里了。那天下午，自嘲为“不速之客”的贺老和陈燮阳聊了很久，谈作品，谈音乐，谈人生。屋外的王健英很是纳闷：“这一老一少，怎么有这么多话说不完？”陈燮阳后来说，贺老的关心爱护和支持，给予年青的他无数灵感和动力。

黄晓同：

这一试，真把他给试出来了！

右为黄晓同

黄晓同门下弟子有陈燮阳、汤沐海、侯润宇、余隆、瞿春泉、谭利华、张国勇、王永吉等一批中国顶尖指挥家。在祝贺70寿辰之际，黄晓同教授登台艺海剧院与上海交响乐团合作了一场音乐会。演出前，黄教授向报界首次披露了三十多年前陈燮阳是如何第一次走上舞台的。

当年与朱践耳、吴祖强、郭淑珍、曹鹏等一起作为第一批留学前苏联莫斯科音乐学院的中国名家黄晓同，1960年回国后一直待在上音潜心育人。陈燮阳是黄晓同的首批弟子。他倾囊相授，功底深厚的俄罗斯、苏联指挥学派的技艺让陈燮阳受益无穷。而陈燮阳给黄晓同的印象是“特别好学”，悟性也较强，为此没有少给这个心爱弟子开“小灶”。家里的钢琴前，这对师生度过了无数个休息日的清晨与黄昏。而在三十多年前的一次公共音乐会前夕，应邀执棒的黄晓同突然病倒，还是在校大学生的陈燮阳，被老师推荐给专业乐团“救场”并一鸣惊人，由此迈出了作为职业指挥的第一步。

如今黄晓同终于点破：“其实我没有病得那么重，但当时闪过的念头就是，不如顺水推舟，把他赶上舞台，看看他在没有准备的救场中能否经受考验。这一试，真把他给试出来了！”因为黄晓同自己在苏联留学时就有过被老师“逼”上指挥台的经验，而国内外乐坛上（包括小泽征尔在内）以“救场”“救”出来的名家更是为数众多，其中被先辈有意“让”出来的也不乏其人。黄晓同当年这一“病”，“病”得用心良苦，“病”出硕果辉煌。

黄贻钧：陈燮阳有“三爱”

黄贻钧的雕塑至今在上海交响乐团的幽静花园里伫立着，慈祥地观看着他的后来者。执棒上海交响乐团20年，陈燮阳从来没有忘记过他是从黄贻钧前辈手中接过了这支照耀中国乐坛的火炬。黄贻钧先生不仅是上海交响乐团前身上海工部局乐团的首批中国演奏员，也是新中国成立后首个登台指挥上海交响乐团的指挥家。1950年黄贻钧成为上海交响乐团的团长，他还曾指挥过芬兰赫尔辛基交响乐团和前苏联国家乐团，是中国第一位指挥过柏林交响乐团的指挥家。陈燮阳明白黄老在期待什么，他没有忘记过从黄老手中继承的是什么，不仅是一支业务水平保持在全国一流的交响乐团，他还继承了上海交响乐团每周一次普及音乐会的传统，并亲手成立了上海爱乐者协会，将更新鲜更活泼的血液注入这座息息相关的城市的音乐脉动。

团里的“老”人也记得黄老对于这个大资过人的接班人的钟爱，黄老曾在乐团公开大会上给了陈燮阳“有三爱”的精准概括：“陈燮阳第一爱祖国，他有无数机会可以不回来，但是他回来了；他第二爱人民，他心里有观众，有艺术家为人民群众奉献的热情；第三就是他热爱交响乐事业，这三爱都让我高兴！”

走过交响乐团办公楼小花园前黄老的塑像，陈燮阳知道自己心里的这“三爱”永远不会变。

中为黄贻钧

朱践耳：陈燮阳是我合作的好伙伴

1975 年起为上海交响乐团常任作曲家的朱践耳，是陈燮阳合作最多的中国当代指挥家之一。几十年来，陈燮阳指挥了朱先生几乎所有的交响作品的世界首演，并将《江雪》等作品带到了美国各地巡演，大受欢迎。由上海音乐出版社出版的我国第一部作曲家个人作品专集《朱践耳交响曲集》由陈燮阳指挥上海交响乐团录制完成。毫无疑问，朱践耳创作了十一部交响曲及十多部其他形式的管弦乐曲，是中国现代交响乐创作的重要组成部分；而这对指挥家和作曲家之间并肩携手的真诚合作，为推动中国交响乐的发展做出了不可磨灭的贡献。

和瞿维（左）、朱践耳（中

在上海音乐厅休息室

很多写陈燮阳的

乡下

毕业后们

改革开放之初就得到

在一串"额

笔

很多人，对我来说很重要

陈燮阳都会

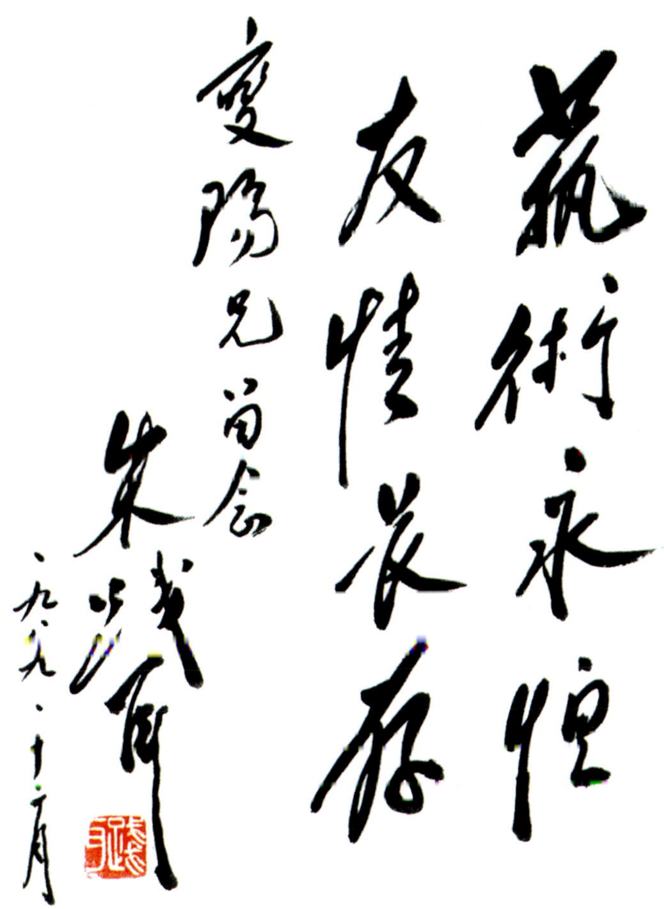

1989年12月，当得知陈燮阳意欲去香港定居与家人团聚，在陈燮阳告别演出前夕，朱践耳特意送来了手书的“艺术永恒友谊长存”八个大字，陈燮阳珍藏至今。去港后不到两年，陈燮阳毅然回到了上海，也正是因为舍不得这方水土这方情。

COMPACT disc DIGITAL AUDIO
SM-1013
Shanghai Symphony Orchestra
上海交響樂
嗩吶協奏曲
天樂
朱践耳
交响作品集
A Wonder of Naxi, Op.25
Symphony No.1, Op.27
纳西一奇
第一交响曲
上海交响乐团演奏
中国唱片上海公司出版
施特劳斯之夜
THE Violin Concerto
BUTTERFLY LOVERS
梁
祝
"Butterfly Lovers"
Symphonic Poem
"Long Hua Pagoda"
Selected Orchestral Works By He Zhan Hao
RCA RED SEAL
FRANZ SCHUBERT
Symphony No.8
"Unvollendete/Unfinished"
Symphony No.9
"Die Große/The Great"
Berliner Philharmoniker
GÜNTER WAND
SIR GEORG SOLTI
CHICAGO SYMPHONY ORCHEST
朱践耳
交响曲集
II
第四交响曲 SYMPHONY NO.4
第五交响曲 SYMPHONY NO.5
第六交响曲 SYMPHONY NO.6
ZHU JIAN-ER
IO SYMPHONIES
SINFONIETTA
ZHU JI
IO SYMPH
SINFONIE
DIGITAL RECORDING
BEETHOVEN · SYMPHONY No.9
F30L-29049
LONDON
JESSYE NORMAN · REINHILD RUNKEL
ROBERT SCHUNK · HANS SOTIN
CHICAGO SYMPHONY ORCHESTRA & CHORUS
SIR GEORG SOLTI
JIAN-ER SY
朱踐耳作品集
上海交響樂團演奏
陳燮陽指揮
YUE HAI SHI BEI JIAO XIANG GUAN XIAN YUE JIN PIN X
樂海拾貝
交響管弦樂精品選
丁善德
交响音乐作品
性演出 · 歷史性録音 · 原版珍藏本
百
沧
SHANGHAI SYMPHONY ORCHESTRA CHEN XIEYANG, CONDUCTOR
SHANGHAI TRANSLATION PUBLISHING HOUSE

The White-haired Girl
柏林爱乐大厅
PHILHARMONIE BERLIN
CHINESE
EW YEAR CONCERT
贝多芬"英雄"交響曲
贝多芬"命運"交響曲
指揮：陳燮陽
演奏：上海交響樂團
ORFEO D'OR
BEETHOVEN · SYMPHONIE NR.4
Live Recording
Bayerisches Staatsorchester
CARLOS KLEIBER
ORFEO
WHITE SWAN
B.T.E
山伯與祝英
HK
The Central Philharmonic
Plays Popular Chinese
The Butterfly Lovers
Autumn Moon Reflected in the Water
The Ocean, My Home
DECCA
LONDON
POCL-1326
DIGITAL
The White-haired Girl
DISC II
白毛女
HRP 911-2（下集）
THE WHITE-HAIRED GIRL (Vol. 2)
·歷史性錄音·原版珍藏本
SYMPHONY NO.1
SYMPHONY NO.2
SYMPHONY NO.3
SHANGHAI SYMPHONY ORCHESTRA · CHEN XIE YANG
ZHU JIAN-ER
IO SYMPHONIES
SINFONIETTA
2CD

陈燮阳喜欢、收藏的唱片

后记

“我们要出一套音乐家画卷，陈燮阳指挥希望你来写他的那本”。接到丛书主编陈钢老师电话时，我丝毫没有意识到自己当时爽快地说出的这个“好”字是多么不知天高地厚：在文汇报文艺新闻部负责音乐方面的新闻报道近4年时间来，和上海交响乐团音乐总监陈燮阳的接触虽然不少，但肯定算不上这位大指挥家身边最熟悉亲近的文字工作者，音乐素养上的一点浅薄积累更是……野人献芹，自知刍尧。

既然已经答应，只有专心投入了庞杂浩瀚的图文资料搜集整理，更要见缝插针地在指挥家高密度的演出和排练间开展深入访问，并与主编和传主反复商议梳理架构脉络。然而，陈指挥之所以点名让我替他的艺术人生中的第一本个人专集主笔，究竟是因为我在采访中屡次“刨根问底”、“死缠烂打”的笨拙让他印象深刻？还是在近年风起云涌的中国文艺体制改革和文化产业发展中，我几度为上海交响乐团这支百年老团的起伏荣辱秉笔直书，令他心有戚戚？在为书稿忙碌的半年时间里，我竟始终没有问过。只是尽我所能在笔下中还原一个我用4年时间逐渐认识熟悉、真实自然的陈燮阳吧。虽然限于篇幅，许多访谈中的故事和细节仍然只能存于草稿，如少年时代曾手绘诗人泰戈尔画像的种种青春惆怅，如与诸多国内外政要人物间因音乐孕育而生的深厚情谊……

卷终，在拉赫玛尼诺夫《第二交响曲》的旋律中，忽然想到这位陈燮阳极为喜爱的作曲家曾经这样描述他所见到的俄罗斯草原——“就像一片无边的海，那里的水是无羁的原野，从一边地平线延伸至另一边地平线”。对音乐和音乐家以及他们所带给我心灵的感受而言，的确，也只有“无边大海”可以形容了。

书中所用的资料在搜集整理过程中得到了上海交响乐团杨朝英、曹畏、方蕾等人大力协助，在此深表谢意。

邢晓芳
2005年3月

2004年，在柏林爱乐大厅售票厅海报栏前的合影

图书在版编目（CIP）数据

挥出一片艳阳天：速写陈燮阳 / 邢晓芳著. —上海：
上海音乐学院出版社，2005.3
（音乐家画卷）
ISBN 7-80692-103-6

Ⅰ.挥… Ⅱ.邢… Ⅲ.陈燮阳—生平事迹
Ⅳ. K825.76

中国版本图书馆CIP数据核字（2005）第007933号

音
乐
家

丛 书 名：音乐家画卷
出 品 人：洛 秦
策　　划：陈 钢
书　　名：挥出一片艳阳天——速写陈燮阳
著　　者：邢晓芳

责任编辑：提文静
整体设计：周 涛
出版发行：上海音乐学院出版社
地　　址：上海市汾阳路20号（200031）
网　　址：www.shcmpress.com
电　　话：021－64315136（编辑部）
　　　　　021－64315769（发行部）
印　　刷：上海市美术印刷厂
开　　本：889×1194　1/24
印　　张：6.33
版　　次：2005年4月第1版　2005年9月第2次印刷
印　　数：3101－5200册
书　　号：7-80692 103 6/J.96
定　　价：38.00元

注：本书所有照片均由主人公提供